PERLAU'R BEIRDD

MORGAN D. JONES

GWASG GOMER
1981

Argraffiad Cyntaf - Awst 1981

ISBN 0 85088 545 0

Argraffwyd gan

J. D. Lewis a'i Feibion Cyf., Gwasg Gomer, Llandysul,

CYNNWYS

CYNNWYS—*Parhad*

Gadawodd y beirdd Cymraeg ar eu hôl dros y canrifoedd waddol hael o drysorau llenyddol y gallwn ni, fel cenedl, fod yn falch ohono. Ymhlith y trysorau hynny ceir twysged helaeth o berlau llenyddol yn ffurf dyfyniadau cryno a bachog y gweddai i bob Cymro llengar fod yn hyddysg ynddynt. Wrth fwrw golwg dros waith enwog y Dr. John Davies o Fallwyd, sef *Flores Poetarum Brittanicorum* (1710), a gweld yn ei gasgliad ef ddyfyniadau byrion o weithiau'r beirdd Cymraeg cynnar wedi'u dosbarthu o dan wahanol benawdau, tybiais nad anfuddiol o beth fyddai mynd ati i gyhoeddi casgliad neu ddetholiad ar gyffelyb batrwm yn ein dyddiau ni. I'r diben hwn codais ddyfyniadau o weithiau beirdd y canu caeth a'r canu rhydd o gyfnodau cynnar ein llenyddiaeth hyd heddiw.

Fe ŵyr y cyfarwydd ac fe wêl y darllenydd wrth ymgydnabod â chynnwys y gyfrol hon na fu ein beirdd ni, wrth ganu ar amryfal destunau, erioed yn brin o'r ddawn i fynegi llawer o synnwyr neu wirionedd mewn ychydig eiriau dethol. Yn wir, cawn fod yr elfen epigramatig i'w gweld yn amlwg yng ngweithiau'r beirdd Cymraeg o'r cychwyn cyntaf. Fel y dangosodd Miss Cassie Davies (' Yr Elfen Epigramatig yn Llenyddiaeth Cymru', *Baner*, Awst 9, 1932), gwelir yr elfen hon yn amlwg yn ein barddoniaeth gynharaf, a thrwy gwrs hanes ein llenyddiaeth fe'i gwelir ar ei gorau yn y canu caeth, yn arbennig yn y cwpled cynganeddol yng ngweithiau beirdd y cywydd, ac yn yr englyn yntau. Diau i'r gynghanedd ei hun fod yn gyfrwng gwerthfawr i hyrwyddo'r elfen epigramatig, ac at hynny, fe wyddom fod casglu a dysgu doethineb a diarhebion y genedl yn rhan o gwrs addysg y beirdd wrth eu crefft.

Ar ôl y dirywiad yng ngweithiau beirdd y cywydd o ddiwedd yr unfed ganrif ar bymtheg ymlaen, fe ddaeth yr elfen hon i'r amlwg drachefn yn yr adfywiad llenyddol clasurol yn y ddeunawfed ganrif, yng ngweithiau beirdd fel Goronwy Owen ac Ieuan Fardd. Fe'i cadwyd yn fyw drachefn yn y bedwaredd ganrif ar bymtheg gan feirdd fel Robert ap Gwilym Ddu ac Ieuan Glan Geirionydd, a chyda'r deffroad llenyddol ar ddechrau'r ganrif hon, yng ngweithiau beirdd fel T. Gwynn Jones a'i ganlynwyr i lawr i'n dyddiau ni. Yng ngweithiau'r beirdd hyn rhoddwyd y pwyslais unwaith eto ar grynoder a chynildeb ymadrodd.

Eithr ni chyfyngwyd yr elfen epigramatig hon i'r canu caeth yn unig. Fe'i gwelir hefyd yn y canu rhydd cynnar, ac yn arbennig yn yr hen benillion telyn gyda'u symlder a'u cynildeb ymadrodd. A chyda datblygiad traddodiad y canu rhydd dros y canrifoedd, gwelir yng ngweithiau amryw o'n beirdd, ac yn arbennig ein beirdd telynegol gorau, enghreifftiau lu o'r ddawn hon i fynegi'n gain ac yn gynnil.

Sylweddolaf, wrth reswm, fod cynnwys ac ansawdd unrhyw ddetholiad llenyddol yn dibynnu, i raddau mwy neu lai, ar chwaeth a mympwy personol y golygydd. Eithr teimlaf yn weddol hyderus fy mod wedi cynnwys yn y gyfrol hon ddetholiad eithaf cynhwysfawr a theg o'r dyfyniadau mwyaf trawiadol a chofiadwy o weithiau'r beirdd Cymraeg o bob cyfnod ar y testunau a nodir yn y gwahanol benawdau. Gyda golwg ar gynllun y gwaith, gwelir fod y penawdau a'r dyfyniadau wedi'u dosbarthu yn ôl trefn yr wyddor, a bod yn y llyfryddiaeth ar ddiwedd y gyfrol restr o'r casgliadau hynny yr elwais arnynt ac y talai i'r darllenydd ymchwilgar ymgynghori â hwy ymhellach. Ychwanegwyd hefyd ychydig nodiadau eglurhaol ynghyd â geirfa fer o'r geiriau a'r termau llai cyfarwydd. Ceir hefyd restr o'r beirdd y codwyd y dyfyniadau o'u gweithiau. Diweddarwyd yr orgraff yn ôl y galw.

Wrth ddarparu'r arlwy fechan hon o ddanteithion llenyddol yr oedd gennyf ryw dri bwriad mewn golwg. Yn gyntaf, gobeithiwn gyfoethogi cynhysgaeth lenyddol y darllenydd o Gymro trwy gael ganddo ei drwytho ei hun yng nghynnwys y gyfrol hon, a thrwy, efallai, ddysgu dogn helaeth ohono ar ei gof. Yn ail, gobeithiwn godi archwaeth ar y darllenydd i fynd ati i ymchwilio ymhellach i geinion ein llên. Yn drydydd, gobeithiwn y byddai hyn oll, yn ei dro, yn gyfrwng i gryfhau peth ar gyhyrau'r iaith Gymraeg hithau yn awr ei nychdod.

Wrth ymchwilio dros y blynyddoedd i'r maes toreithiog hwn deuthum o hyd i ambell lecyn bras a dymunaf yma gydnabod fy nyled fawr iddynt. Elwais yn fawr ar y gweithiau canlynol :

Blodau'r Gynghanedd : Richard Griffith, (Carneddog (1920)
Mil o Ddyfyniadau Cymraeg: G. Lloyd Edwards (1968)
Y Flodeugerdd Englynion : Alan Llwyd (1978)

Dymunaf hefyd gydnabod yn ddiolchgar y caniatâd parod a gefais gan y gwahanol gyhoeddwyr a'r personau unigol i gynnwys dyfyniadau o'u gweithiau a'u casgliadau yn y gyfrol hon.

Yn olaf, derbynied Gwasg Gomer fy niolch am eu gofal manwl a'u hamynedd wrth y gwaith.

ANGAU A'R BEDD

(a) Angau

1 Angau a ddaw'n ddiogel,
Amau fydd y dydd y dêl

Anhysbys

2 Angau arfog, miniog, mawr,
Ar ei gadfarch ergydfawr.

Robert Williams
(Robert ap Gwilym Ddu)

3 Awr hunaw ddistaw a ddaeth,—awr angof
Ar rengau bodolaeth ;
Awr gysglyd ar drymllyd draeth
Y môr elwir Marwolaeth.

Robert Ellis (Cynddelw)

4 Chwarae ag angau nid gwiw,
Rhy gadarn yrhawg ydyw.

Lewys Morgannwg

5 Chwychwi drafaelwyr môr a thud,
A'r byd i gyd a'i gyrrau,
Yn rhodd, a welsoch mewn un lle
Ryw gongol gre' rhag angau ?

Ellis Wynne

6 Diddim oll yn y dydd mau
Unrhyw gyngor rhag angau.

Evan Evans
(Ieuan Glan Geirionydd)

7 Diyngan y daw Angau,—disymwth
Gall dy siomi dithau ;
Ni edwyn neb ei nodau,
Na sŵn ei droed yn nesáu.

Glasfryn

8 Diwedd sydd i flodeuyn,
Ac unwedd yw diwedd dyn.

Goronwy Owen

9 Dyn, pe cyn gryfed â dau,
Digyngor y dwg angau.

Maredudd ap Rhys

10 Eryr gwyllt ar war gelltydd
Nid ymgêl pan ddêl ei ddydd,
A'r pysg sydd ymysg y môr
A ddwg angau'n ddigyngor.

Wiliam Llŷn

11 Hi biau'n gwlad a'n treftadaeth,—y tai
A'r tir a'i hwsmonaeth,
Mae'r byd i gyd iddi'n gaeth,
A mawr yw elw marwolaeth.

D. Gwenallt Jones
(Gwenallt)

12 Megis y bu o'r dechrau, felly y mae :
Marwolaeth nid yw'n marw. Hyn sydd wae.

R. Williams Parry

13 Ni wnawn wrth ffoi am byth o'n ffwdan ffôl
Ond llithro i'r llonyddwch mawr yn ôl.

T. H. Parry-Williams

14 Nid gwiw, rhaid ydyw gwarhau,
Oer ing, ymladd â'r angau.

Wiliam Cynwal

15 Nid ofna'r doeth y byd a ddaw
Ar ochor draw marwolaeth.
Ei ddychryn ef yw bod yn fyw :
Angheuol yw bodolaeth

R. Williams Parry

(b) Y Bedd

16 A fo wychaf ei fuchedd,
Ar awr bach yr â i'r bedd.

Wiliam Llŷn

17 Caf huno yno ennyd,—yn dawel,
Mewn daear oer briddlyd,
A gorwedd yn y gweryd
O sŵn y boen sy'n y byd.

Evan Evans
(Ieuan Glan Geirionydd)

18 Darfod a wna ei derfyn,
Gorwedd yw diwedd pob dyn.

Siôn Cent

19 Daw dyn fel rhosyn allan,
Â'n fuan iawn i'w fedd ;
Fel cysgod ef a gilia,
A'r angau wywa'i wedd.

Ebenezer Thomas
(Eben Fardd)

20 Er ein miri a'n mawredd,—er ein rhwysg
Ar ein rhawd a'n rhysedd,
Yma'n dawel mae'n diwedd
Yn fud, heb ddim byd, mewn bedd.

W. Leslie Richards

21 Er maint y soniant am dy hedd
A'th felys orffwys yn dy bryd,
'Rwyt heddiw'n ddychryn imi, fedd,
Yn ddychryn ac yn ddagrau i gyd.

R. Williams Parry

22 Llwm lety, gwely gwaeledd,
I edwi'r byd ydyw'r bedd.

Robert Ellis (Clochydd
Llanllyfni)

23 Mawr a bach sy 'mro y bedd,
Y doeth a'r annoeth unwedd,
Y cyfoethog, enwog un,
Gŵr y geiniog a'r gwannun.

Evan Evans
(Ieuan Glan Geirionydd)

24 Mewn henaint, mewn i'enctid, mewn nych
ac mewn iechyd,
Mae'n amal rai'n symud o fywyd i fedd ;
Nid oes na dyfeisio, na golud na gwylio,
All rwystro neb yno, na bonedd.

Edward Richard

25 Ni bydd i gadarn o'r byd
Dan garreg ond un gwryd.

Ieuan Rudd

26 Ni pharcha'r bedd, annedd ddig,
Fwynwych aur fwy na cherrig.

Evan Evans
(Ieuan Glan Geirionydd)

27 O'r pridd y deuthum, ŵr pruddaf,—pridd
I'r pridd oer dychwelaf : [wyf,
Prudd o feddwl, pridd fyddaf :
O'r pridd 'rwy' ; i'r pridd yr af.

Owain A. Roberts
(Owain Aran)

Beddargraff Plentyn

28 Trallodau, beiau bywyd—ni welais,
Nac wylwch o'm plegid :
Iach wyf o bob afiechyd,
Ac yn fy medd gwyn fy myd.

Edward Richard

29 Tŷ bach tawel, del ei do,—ffit o le
I'r corff tlawd orffwyso
Hyd ddydd barn ; er lladd arno,
Ni chawn fwth twtiach na fo.

David Roberts
(Dewi Havhesp)

30 Y cnawd gwyn megis cnwd gwâr,
Y mae'n duo mewn daear,
A'r genau fu'n clymu clod,
Y mae'n tewi mewn tywod.

Wiliam Llŷn

31 Y tŷ derw, to daearen,
A ocha byd uwch ei ben.

Gutun Owain

32 Yn y bedd y mae y meirwon
Yn cydorwedd heb ymryson,
Brenin mawr wrth ochor beger,
Yn fwyna' gŵr, heb drais na balchder.

Rhys Prichard (Ficer)

AMSER

33 A ŵyr gyflymdra'r oriau—a ŵyr werth
 Parhad y munudau ;
 Fe ŵyr hwn, hefyd, fawrhau
 Y goludog eiliadau.

Derwyn Jones

34 Amser a goller y gwaith
Ni ddaw'n ôl i ddyn eilwaith.

Anhysbys

35 Amser a roddwyd i fwyd,
Ac amser i olochwyd,
Ac amser i bregethu,
Ac amser i gyfanheddu.

Dafydd ap Gwilym

36 Amser yw balm oesau'r byd,—
A bai creulonaf bywyd.

Dic Jones

37 Drysau cau ffiniau gorffennol—a'n ceidw
Yn ein caeth bresennol,
Ac i heddiw tragwyddol
Ddoe a'i nef ni ddaw yn ôl.

John Gwilym Jones

38 Ddoe a ffodd a heddiw a ffy—wele
Hudoliaeth a'n gedy ;
Er eu swyn, pa amser sy'
Fedd gyfaredd yfory ?

T. Arfon Williams

39 Ein doe ni, ni hed yn ôl—heddiw byr
A ddaw i ben bythol ;
Fory'n gudd yng nghyfrin gôl
Ei oer gaddug tragwyddol.

J. M. Edwards

40 Er arian, ac er eiriol,—er wylo,
Er alaeth beunyddiol,
Er gweddi yn dragwyddol,
Ni ddaw i neb ddoe yn ôl.

Anhysbys

41 Hedeg ymaith y mae'n hamser,
Ar ein hoedel na rown hyder.

Robert Davies (Bardd
Nantglyn)

42 Heddiw, hiraethu'n anniddig a fydd
am ryfeddod yfory,
Yfory, ni bydd ond myfyrio
Mor deg a fu dymor doe.

T. Gwynn Jones

Y Bardd yn Drigain Oed

43 Llawn drigain, gywrain, a'u gwarant,—heb
O'm blwyddau hedasant ; [ludd
Fel y niwl o afael nant
Y dison ymadawasant.

Robert Williams
(Robert ap Gwilym Ddu)

44 Mae amser yn lladd nwydau, fe ddatrys
amser lid,
Ac fe dynera amser y galon g'leta' i gyd.

W. Williams, Pantycelyn

45 Mynd rownd fel ceffylau bach mewn sioe
Y mae'r dyddiau Heddiw, Yfory, Ddoe.
Ac fel cofio, atgofio, a rhag-gyffroi,
Tri-yn-un ydynt ar rod sy'n troi.

T. H. Parry-Williams

46 Ni werthir yn ei wrthol
Ddoe i neb, ni ddaw yn ôl.

Robert Williams
(Robert ap Gwilym Ddu)

47 Oni bai doe—deddf bod yw—
Ni byddai i neb heddiw,
Beth ond ofer hyder hy,
O bai fawr, heb yfory ?

T. Gwynn Jones

48 Ow ! Fory-a ddilyn-Heddiw-a ddilyn-Ddoe :
Pa hyd y pery echelydd chwil y sioe ?

R. Williams Parry

49 Wedi digyfrif nef pob ennyd fer
Cyfyd rhyw drannoeth ei ofnadwy her ;
Tra'n gwawdio'i ddoe a'i fyrdd eiliadau gwael,
Mae tradwy'n paratoi i'ch cwrdd a'ch cael.

J. M. Edwards

Eiliad

50 Ym môr amser diferyn—yw eiliad
O'r hylif diderfyn ;
Llam amrant, lleia' mymryn,
Ond ow'r pris ! Nid aur a'i pryn.

D. Pierce Roberts

51 Ystyriwn yn dosturiol,
Ni ddaw i neb ddoe yn ôl.

William Edwards
(Ysgeifiog)

ANAIR AC ATHROD

52 A fynn ddoedyd a fynno
A glyw hyn na fyn efô.

Edmwnd Prys

53 A wnêl ogan ac anair,
Am ogan gogan a gair.

Gruffudd Hiraethog

54 Anair y byd a geir o ben
Meginwr fflam y gynnen.

Richard Davies (Tafolog)

55 Athrodion gweision a gwŷr
A bair adwyth rhwng brodyr.

Deio ap Ieuan Du

56 Doeth y gwnâi, petai bai'n bod,
Y difai gnoi ei dafod.

David Jones (Isfoel)

57 Drwy gas y dirywia gwŷr,
A thrwy adwyth athrodwyr.

Rhisiart Fynglwyd

58 Fe weli yr ei'n fawlyd
O luchio baw ogylch byd.

Idwal Lloyd

59 Fel gwiber adre rywdro
Y daw'r gair drwg ar ei dro.

Eliseus Williams
(Eifion Wyn)

60 Gorau yw dal y gair du
A niweidiol na'i wadu,
Atal saeth, nid dilys hyn
A êl unwaith o linyn.

Tudur Aled

61 Hynt annoeth iawn yw tynnu—eich hunain
Hyd grochanau'r fagddu :
Os am lanwisg, ganwisg gu,
Na chyffyrddwch â pharddu.

John Owen Williams
(Pedrog)

62 I daeog ydd â gogan,
Nid â'r glod ond i ŵr glân.

Huw Cae Llwyd

Mae anaf ar y tafod
A fydd yn rhydd fal y rhod.

Tomas Prys

64 O bu air heb ei warant,
Gorau dim ei gau â'r dant.

Ieuan Deulwyn

65 Perchen tafod a arfero
Ddweud am bawb y peth a fynno,
Bydd rhaid iddo'n wrando'n fynych
Lawer peth na fo'n ei chwennych.

Hen Benillion

66 Tafod fel dyrnod a dwrn
Drwy rwysg a dyrr yr asgwrn.

Anhysbys

67 Troi wna tafod ethrodwas
Rhwng trasau'n frwydrgleddau glas.

Huw Arwystl

68 Yr athrodwr, iaith rydeg,
I'ch dilid daw â chwedl deg.
Na choelia un, chwilia wir,
A dro wenwyn drwy anwir.

Siôn Tudur

69 A dyna'r drefn yn hyn o fyd :
Yr addfwyn rai
Sy'n dwyn y bai
O hyd, o hyd.

I. D. Hooson

70 A ddêl o ddrwg feddyliaw,
Iddo a'i dalio y daw.

Gruffudd Hiraethog

71 A farno, ef a fernir
O'r byd hwn i'r bywyd hir,
A'r un drugaredd a ro
A rydd Dduw Farnwr iddo.

Dafydd ab Edmwnd

72 A fo drwg mewn gwg a gwall,
Ef a daera fod arall.

Wiliam Cynwal

73 A fo ddifai na feied
Ar y lleill a'u bai ar lled.

Anhysbys

74 Be na bai un bai'n y byd,
Beiem undonedd bywyd.

T. Gwynn Jones

75 Camau a beiau lle bôn'
A yrr ddinistr ar ddynion.

Wiliam Llŷn

76 Canys gwas pan deyrnaso,
Mae llaw barn yn drom lle bo.

David Owen
(Dewi Wyn o Eifion)

77 Câr yn cyhuddo arall,
Hawdd i'r llaw gyhuddo'r llall.

Tudur Aled

78 Clywais siarad, clywais ddwndro,
Clywais bart o'r byd yn beio,
'Chlywais i eto neb yn datgan
Fawr o'i hynod feiau'i hunan.

Hen Benillion

79 Chwiliwr blin, o choelir blaidd,
Ydyw'r oenig druanaidd.

Edmwnd Prys

80 Drwgdybus drwg a dybia,
Diboen i ddyn dybio'n dda.

Anhysbys

81 Drwy fethu'r nod a ddodai
Y dysg y byd osgoi bai.

T. Gwynn Jones

Bai

82 Er ei faddau'n wirfoddol,—a rhoi'i fad
Dan oer fae'r gorffennol,
Daw rhyw' 'styllod danodol
Â thon wyllt i'r traeth yn ôl.

Dafydd Owen

83 Gwrid ar wyneb gŵr drannoeth
A wna rhoi barn yn rhy boeth.

Owain Gwynedd

84 Llawn beiau oll yw'n bywyd,
Llawn bai yw pob lle'n y byd.

Siôn Tudur

85 Mae'n ddau fai bob bai heb wir
O bydd na chydnabyddir.

Edmwnd Prys

86 ' Ni bu ei well !' ' Ni bu waeth !'
Ba'r un ydyw beirniadaeth ?

T. Gwynn Jones

87 Ni wŷl neb yn ôl a wnân'
Hanner ei feiau'i hunan.

Rhisiart Abram

88 Ni ŵyr y dyn mwy na'r dall—ei wir fai,
Er ei fod yn ddwysgall,
Er na ŵyr gŵr wyrni'r gwall,
Ef a ŵyr feiau arall.

Anhysbys

89 Pawb a'i cenfydd, o bydd bai,
A bawddyn, er na byddai.

Goronwy Owen

90 Pwy a ddengys â'i fys fai
Mwy na gwendid mewn gwindai ?

Edward Morris

91 Trugaredd yn troi i guro
Yw barn lle bynnag y bo.

Owain Gethin Jones
(Gethin)

92 Ymarbed rhag gweled gwall
Dirym yn llygad arall.

Y Bardd Coch

BALCHDER

93 A ddringo'i hun yn unig
I bren fry erbyn ei frig,
Êl yn uchel, trafel trwm,
A gaid yn fwya'i godwm.

Anhysbys

94 A phawb yn gall ac yn ffôl
A ddygymydd â'i ga'mol.

David Owen (Dewi Wyn
o Eifion)

95 Ar dyfiad ir â difalch,
Ni fyn Duw'n ben fynd un balch.

Huw Arwystl

96 Daw dydd y bydd mawr y rhai bychain,
Daw dydd ni bydd mwy y rhai mawr.

Waldo Williams

LLYS IFOR HAEL

97 Er bri arglwyddi byr glod,—eu mawredd
A'u muriau sy'n darfod ;
Lle rhyfedd i falchedd fod
Yw teiau yn y tywod.

Evan Evans (Ieuan Fardd)

98 Gochel fostio'n fynych, fynych,
Y gweithredoedd gorau feddych,
Rhag cael dannod it yn rhydost
Y gweithredoedd gwaetha' wnaethost.

Hen Benillion

99 Hoff gan bob edn aflednais
Ym medw gled lwysed ei lais.

Gruffudd Gryg

100 Odid fawr i undyn weled
Â'i ddau lygad, er eu lleted,
Drwy'r holl fyd beth mor hyderus
Ag yw balchder anwybodus.

Hen Benillion

101 On'd rhyfedd, on'd taer hefyd
Heb wedd yw balchedd y byd ?

Wiliam Llŷn

102 Os ofer geisio yfed
Y môr a'r lli mawr ar lled,
Ofer i feilch fry (a fôn')
Â'u da am ras Duw ymryson.

Wiliam Llŷn

103 Y balchaf trawsaf trasyth
Lleia'i barch ym mhob lle byth.

Rhys Cain

BYWYD

(a) Ei Freuder

104 Beth ydwyt ti a minnau, frawd,
Ond swp o esgyrn mewn gwisg o gnawd ?

T. H. Parry-Williams

105 Beth yw dyn wrth hyn ond tarth,
A mwg a niwl, a gwellt a gwarth,
A gwydyr crin, a rhew a rhosyn,
A stên o bridd, a gwynt ac ewyn ?

Rhys Prichard (Ficer)

106 Blin yw hyder o weryd,
Hudol byr yw hoedl y byd.

Dafydd Nanmor

107 Breuach na bar o ewyn
Yn ei stad yw einioes dyn.

Lewys Glyn Cothi

108 Duw byw, beth ydyw bywyd ?
Drwy boen y newidia'r byd.
Ffôl yw'r oes, ar ffael a red,
Ffei o'r einioes ei phrinned.

Wiliam Llŷn

109 Dyn nid yw onid ewyn
Ar y graig dro byr a gryn.

T. Gwynn Jones

110 Edau'r oes fal hud a red,
Och o'r anap ei chrined.

Wiliam Llŷn

111 Ehed bywyd a buan—daw Angau
I dyngu'r oes allan ;
Geni i fyw ac yn y fan
Trwy oer gri, troi i'r graean.

Ebenezer Thomas
(Eben Fardd)

112 Fal cysgod, darfod bob dydd
Dan benyd mae dyn beunydd.

Rhys Jones

113 Gall gŵr fod neithiwr yn iach—y bore
Heb arwydd amgenach ;
Yfory'n annifyrrach,
Drennydd ar obennydd bach.

Anhysbys

114 Gwalch ar hedfan, eden buan ydyw'n bywyd.

Robert Davies (Bardd
Nantglyn)

115 Mal blodeuyn gwyn teg wawr,—yn gwywo
Dan y gawod bwysfawr ;
Nid yw einioes ond unawr,
Na dyn i barhau ond awr.

Robert Williams
(Robert ap Gwilym Ddu)

116 Mal llong yr ymgollyngais—i fôr byd,
Dros ei ferw byw hwyliais ;
Ni ellir gweld, er llwyr gais,
Fy ôl y ffordd drafaeliais.

Evan Evans
(Ieuan Glan Geirionydd)

117 Mor fuan daw nawn einioes,
Rhyw awr fer yw'r hwyaf oes.

William Roberts
(Gwilym Eryri)

118 Mynd a dod yw rhod a rhan—yr einioes
Am ryw ennyd fechan ;
Aros dro wna'r oes druan,
A lle'r llu fydd llawr y llan.

J. Lloyd-Jones

119 Na oeda ar gefn hyder,
Nid oes i fyw ond oes fer.

Robert Jones (Clochydd
Llansannan)

120 Ni cheir gweled mwy o'n hôl
Nag ôl neidr ar y ddôl,
Neu ôl llong aeth dros y tonnau,
Neu ôl saeth mewn awyr denau.

Rhys Prichard (Ficer)

121 Ni phery'r byd hoff irwych
Mwy na'i drem ym min y drych.

Siôn Cent

122 Ni phery dyn hoff araul
Mwy no rhew ym min yr haul.

Wiliam Llŷn

123 Nid yw parhad neb ond prin
Orig lwys ar y glesin.

J. Lloyd-Jones

124 ' Nos da', yna distewi,—a gorwedd
Is gweryd a meini ;
Daear gawn,— a doe'r geni !—
Fyrred a breued ein bri !

J. Lloyd-Jones

125 O dwrf y byd i'w derfyn—hi gilia'n
Ddirgelaidd, fel gwyfyn
Yn difa'r gwan edefyn,—
Un-nos darth yw einioes dyn.

Gloewlas

126 O'r ddaear noeth y doethom,
A phonid tost yw'n ffrost ffrom ?

Siôn Cent

127 O'r golwg fel niwl ar gilio,—diddim
Mae'n dyddiau'n dirywio ;
Ânt tebyg i wynt heibio,
Neu lithriad dŵr ar lethr to.

David Hughes (Eos Iâl)

128 Sŵn myngus, hoen ymwingo,—ac araf
Ond gwrol ymbwyllo ;
Rhyw drwst a rhwysg mawr dros dro,
Yna'r mud oer ymado.

W. Roger Hughes

129 Truan mor wan yw'r einioes,
Trymed yw tor amod oes.

Tudur Aled

130 Y ddeilen hon, neus cynired gwynt,
Gwae hi o'i thynged !
Hi hen ; eleni ganed.

Anhysbys

(b) Ei Droeon

131 Buan, cymysg yw bywyd—haul a thes
Neu niwl a tharth oerllyd ;
Nid haf na gaeaf i gyd,
Ond gaeaf a haf hefyd.

W. Leslie Richards

132 Colliadau, gwallau i gyd,
A beiau ydyw bywyd.

Watkin H. Williams
(Watcyn Wyn)

133 Da a bai ydyw bywyd,
Heb dda a bai ni bydd byd.

T. Gwynn Jones

134 Grym einioes yw ei chroesau—a daw rhin
O drywaniad poenau ;
Da yw her gorthrymderau,
Golud oes yw'r galed iau.

J. M. Edwards

135 Gwên a gormes, gwin a gwermod—yw'r oes
Orau un ei chyfnod ;
Chwiliwch hi, haul a chawod,
Munudau Duw'n mynd a dod.

J. Lloyd-Jones

136 Naw wfft i droeon ein hynt,—oriau coll
Ydyw'r cwbl ohonynt,—
Dyddiau a geiriau fel gwynt,
Rhyw ffwdan ar ffo ydynt.

Brinley Richards

137 Ni bu ddigrifwch heb ddagrau hefyd.

R. Williams Parry

138 Ni pherthyn inni wybod
Na'r gwae na'r gwynfyd chwaith
A ddichon ein cyfarfod
Yfory ar y daith.

I. D. Hooson

139 Troeog iawn yw llwybrau bywyd
Megis gwynt yr hwyr ;
Pa le'n cludir ninnau ganddo
Duw yn unig ŵyr.

Ellis H. Evans
(Hedd Wyn)

140 Y byd dyrys, bid hiraeth,
Y mae'n troi fal min y traeth,
Llanw i ddyn llawen a ddaw,
Y trai eilwaith trwy wylaw.

Huw Cae Llwyd

141 Y llwybrau gynt lle bu'r gân
Yw lleoedd y dylluan.

Evan Evans
(Ieuan Fardd)

142 Y mae'r byd a'i droeon dyrys
Yn debyg iawn i'r môr gwenieithus,
Weithiau'n drai ac weithiau'n llanw,
Weithiau'n felys, weithiau'n chwerw.

Evan Evans
(Ieuan Glan Geirionydd)

CARIAD

143 A garo pawb o gariad
Yn binagl aur â'n ben gwlad.

Wiliam Llŷn

144 A garo'i wlad a'i geraint
A wella'i frig oll a'i fraint.

Wiliam Llŷn

145 Cariad a fag tyfiad da,
Cywirdeb a fag wyrda.

Tudur Penllyn

146 Cariad hwnt a fag gair teg,
Drwg air a dyr y garreg.

Huw Arwystl

147 Credu y gorau yw cariad geirwir

Evan Rees (Dyfed)

148 Cryf yw cryfdwr dŵr ar doriad—y môr
Cryf ymherodr dengwlad,
Cryf yw'r gwynt, rhyw helynt rhad,
Cryf yw cwrw, cryfa' cariad.

Anhysbys

149 Cur dwfn yw cariad ofer.

Rhys Cain

150 Dechreuad pob bwriad byw,
A thad yr arfaeth ydyw.

Thomas Tudno Jones
(Tudno)

151 Estron ni chais drin na chad,
Os ceraint a wisg cariad.

Rhisiart Fynglwyd

152 Goddefgar, mwyngar a mad
Fydd y gŵr a fedd gariad.

Robert Davies (Bardd
Nantglyn)

153 Lle bo cariad fe ganmolir
Mwy, ond odid, nag a ddylir,
A chenfigen a wêl feion
Lle na byddo dim achosion.

Hen Benillion

154 Mae cariad yn dref-tad
Tu hwnt i ryddid gwlad.

Waldo Williams

155 Mwyn yw byw'n y man y bo,
A bedd yw'r man ni byddo.

Gwilym R. Jones

156 Mwynach cur mynych cariad na phedfai
Heb lanw a thrai, ac heb li na throad.

R. Williams Parry

157 Ni myn cariad ei wadu
Na'i ddangos i lios lu.

Dafydd ap Gwilym

158 Ni phery'n hir, gwir ar gân,
Heb achos, gariad bychan.

Wiliam Cynwal

159 Nid celgar gŵr a garo,
Ni thrig mewn gweniaith a thro.

Dafydd ap Gwilym

160 Trwm yw plwm a thrwm yw cerrig,
Trwm yw calon pob dyn unig,
Trymaf peth dan haul a lleuad
Canu'n iach lle byddo cariad.

Hen Benillion

161 Yng ngwres y fynwes fflam fyw—yw
Coron rhin dynolryw : [Cariad,—
I lu y nef heulwen yw,
Hanfod y Duwdod ydyw.

Cadifor

CARTREF AC AELWYD

(a) Cartref

162 Caer ddiogel rhag gelyn—a gorsedd
Gwersi cyntaf plentyn,
Ac yn llesgedd diwedd dyn
Hedd a harbwr i'w dderbyn.

David Jones
(Isfoel)

163 Cartref ! Ail nef i ddyn yw,
Ei baradwys bêr ydyw.

John Owen Griffith
(Ioan Arfon)

164 Enw a gyfyd hen gofion
Gorau fy mryd ger fy mron.

Glyn Llyfnwy

165 Gweld deryn gwyllt, gweld derwen gam,—
[gweld mawn
A gweld môr yn wenfflam ;
Gweled brwyn ar dwyn dinam,
A gweled mwg ar aelwyd mam.

J. J. Williams

166 Gwna'r ofnog yn gefnog ŵr,
Yma heinyf gam henwr.

John Owen Griffith
(Ioan Arfon)

167 'N'ôl blino'n treiglo pob tref,
Teg edrych tuag adref.

Llawdden (yr hynaf)

168 O fel mae'n dda gen i 'nghartref,
Hen le bendigedig yw cartref ;
Chwiliwch y byd, drwyddo i gyd,
'Does unman yn debyg i gartref.

Richard Davies
(Mynyddog)

(b) Aelwyd

169 Bu ddiflin y penlinio—arni hi,
A'r hen iaith yn tario ;
Mae haen o galch balch lle bo,
A mawnen yn fflam yno.

Enoch Jones (Isylog)

170 Carreg ateb clych mebyd,—a'i gorfod
Yn fagwrfa bywyd ;
Dihafal sylfaen deufyd,
A maen clo pob cymun clyd.

E. Llwyd Williams

171 Cawn arni rin i'n dadflino ;—heddwch
A rhyddid a chroeso,
Orig i fwyn fyfyrio,
A chân a thân dan ei tho.

Robin Gwyndaf

172 Hyfrydle pob afradlon—yw aelwyd
Yng nghiliau atgofion :
Yn nydd cywilydd calon
Eirias o hyd croeso hon.

H. Ll. Huws

173 Man y clydwch mewn caledi—a serch
Yn sail cadarn iddi ;
Llawen ddau a'i lluniodd hi,
Rhwymau einioes yw'r meini.

T. Llew Jones

174 Rhoi gwres a llachar groeso—a wnâi hon
A'r tân mawn yn gwrido ;
Y mae gemau'r ymgomio
Ynghŷn yn ffenestr fy ngho'.

J. H. Roberts
(Monallt)

175 Arni f'angor mewn stormydd—a fwriaf
Fore a phrynhawnddydd,
Allor serch ar ei llawr sydd,
A chariad yw ei cheyrydd.

Alun Jones (Cilie)

CASINEB A DICTER

176 A ddialo am ddolur
A gaiff ychwaneg o gur.

Abel Ffowcs Williams

177 A heuo gas, euog wedd,
Fyd ddiles, a fed ddialedd.

Owen Gruffydd

178 Arwych iawn o wreichionen
Y tyn ar naid dân i'r nen,
Felly gas, ar fy llw gwir,
Y sy gadarn os gedir.

Hywel Cilan

179 Gair dig a'i lid ar dy gledd
A yrr annoeth o'i rinwedd.

Huw Arwystl

180 Llid sy flin, medd doethineb,
Llid ni all wellhad i neb.

Wiliam Llŷn

181 O digia rhyw daeogwas
A dal gwg, hir y deil gas,
Os pendefig a ddigia,
Pendefig o'i ddig ydd â.

Wiliam Llŷn

182 Y byd a syrthiodd mewn bâr—bwriadus,
A brodyr nid ymgar ;
Am y golud mae galar,
Gelyn gan gerlyn a gâr.

Ieuan Tew Brydydd

183 Y fer ewin a friwid
I'r llaw oll a yrr y llid.

Owain Gwynedd

CENFIGEN

184 A fo gwan genfigennwr,
Hir yn was a hwyr yn ŵr.

Lewis Glyn Cothi

185 Calon pob gŵr aflonydd,
Cneuen y genfigen fydd.

Lewis Glyn Cothi

186 Camp hen genfigen, ar fêr,
Cnoi calon cyn y gweler.

Lewis Glyn Cothi

187 Cenfigen ac awenydd
Ym mhob llin, finfin a fydd.

Goronwy Owen

188 Cenfigen ar lawen lwydd
Wna gilwg, lunia gelwydd.

Tudwal

189 Cenfigen flin o'i thrinio
A lysg ei pherchen yn lo.

Anhysbys

190 Cenfigen ladd dan wenu,—dwyn ei chledd
Dan ei chlog i waedu ;
Ac mae'n od, rhydd ddyrnod ddu
I'w pherchen wrth ei pharchu.

Ieuan Eifion, Plas Chwilog

191 Ein hamorth sy'n ei phorthi,
A'n llwydd yw ei haflwydd hi.

Goronwy Owen

192 Ni fagodd neb genfigen
Heb dynnu byd yn ei ben.

Rolant Jones
(Rolant o Fôn)

193 Os i ogoniant esgynnwn—'e geir
Ar ein gwarrau bastwn :
Anfad iaith yr hen fyd hwn
' Lle bo haeddiant llabyddiwn'.

Robert Williams
(Trebor Mai)

COF AC ATGOF

194 A feddo gof a fydd gaeth,
Cyfaredd cof yw hiraeth.

T. Gwynn Jones

195 A phennaf gwae y gaeaf
Yw cofio'r rhwysg fu yr haf.

R. Williams Parry

196 Dim ond gardd a chae a chwm,
Afon fach a bwthyn llwm,
Dyna'r cyfan, ond er hyn,
Mae fy llygaid llon yn llyn.

J. Gwili Jenkins
(Gwili)

197 Dim ond lleuad borffor
Ar fin y mynydd llwm,
A sŵn hen afon Prysor
Yn canu yn y cwm.

Ellis H. Evans
(Hedd Wyn)

198 Duon, annhirion oriau,
Oni fyn cof eu nacáu ?

T. Gwynn Jones

199 Dwg gyfoeth i'r doeth a'r da,
Cerydd i'r euog garia.

Tudwal

200 Fel ewyn ton a dyr ar draethell unig,
Fel cân y gwynt lle nad oes glust a glyw,
Mi wn eu bod yn galw'n ofer arnom,
Hen bethau angofiedig dynol-ryw.

Waldo Williams

201 Hawdd gan y galon faddau,
Y co' o hyd sy'n nacáu.

Dic Jones

202 Ie, am wraidd dyfnaf fy mron
Y gafael hen atgofion.

Alawn

203 Inni llu wynebau llon
Diau gyfyd atgofion.

Ebenezer Thomas
(Eben Fardd)

204 I'r enaid yn gyfriniol
Hwn rydd yn awr ddoe yn ôl.

John Geufronydd Jones
(Geufronydd)

205 Lleiha'r cur pan ballo'r cof,
Angau'r ing yw yr angof.

Idwal Lloyd

206 O ddoe ein hoes heddiw wna
Yn wae anfwyn neu wynfa.

Josiah Davies

207 O fewn y drych ar fwyn dro
Daw mebyd imi heibio.

Thomas Tudno Jones
(Tudno)

208 Os cof hen, ei lawenydd,
A'i holl fryd am febyd fydd.

Edmwnd Prys

209 Os ing hir y sy yng nghof,
Hwy yw'r ing yn nhir angof.

T. Gwynn Jones

210 Pererindod myfyrdodau—yn ôl
I anwylach dyddiau
Yw fy nef, lle caf fwynhau
Briwfwydydd hen brofiadau.

J. G. Thomas

211 Rhyw hen utgorn yw Atgof,—â'i gref waedd
Egyr feddau angof,
Â'i utganiad dwg ynof
Hen bethau gynt byth i gof.

Thomas Tudno Jones
(Tudno)

212 Siom a braw a gorawen—a ffeiliwyd
Mor ddi-ffael at angen ;
Oes gymysg yn rhes gymen
Yng ngêr compiwter y pen.

Donald Evans

Y Cof

213 Un glew am ddal a glywo—a medrus
Am adrodd a welo :
Llyfr gwerthfawr â'i glawr dan glo,
A chyfrinach fawr yno.

David Wynne
(Ap Tudur)

214 Y mae hen gofion fel mwg
Ar gil yn mynd o'r golwg.

Rowland Walter
(Ionoron Glan Dwyryd)

CYFOETH A CHYBYDD-DOD

215 A dyrro y dyn anael,
Cyffelypa' i'r casa' eu cael.

Anhysbys

216 Arian a guddian' y gwir.

Iorwerth Fynglwyd

217 Aur cwbl a guddio'r cybydd,
Ni hena ddim hwy na'i ddydd.

Gutun Owain

218 Aur dilin a bryn linach,
Pryn i'r isel uchel ach.

John Morris-Jones

219 Aur yw'r trymaf peth mewn byd,
Aur sy'n tynnu'n serch i gyd,
Aur sy'n lladd ac aur sy'n cadw,
Aur sy'n ddiffrwyth iawn i'r marw.

Rhys Prichard (Ficer)

220 Ba ennill yw byw anael ?
Onid byw hwn nid byw hael.

Wiliam Llŷn

221 Brawd yw'r cybydd, o bydd ben,
A fo hwyr i fyharen,
Fo orfydd, gwilydd gelu,
Ei rwymo cyn cneifio'r cnu.

Siôn Cent

220 Cod arian, y cyw diras,
Yw crefydd y cybydd cas.

Goronwy Owen

223 Crino dyn yw cronni da.

Tudur Aled

224 Dyn a da'r byd a dderfydd,
Da nefol tragwyddol fydd.

Anhysbys

I'r Cybydd

225 E doddir dy aur didduw,
Ânt ar dân wrth gownter Duw !

Robert Williams
(Trebor Mai)

226 Gwae wired yw y gair doeth
Y daw gofid a gyfoeth.

David Owen
(Dewi Wyn o Eifion)

227 Hud yw golud, a gelyn,
Brwydr dost yw a bradwr dyn.

Dafydd ap Gwilym

228 Na chronna d' aur, na chryn di,
Gŵr crin a gâr eu cronni.

Lewys Môn

229 Ni all da'r byd ennyd awr
Estyn einioes dyn unawr.

Wiliam Llŷn

230 Ni phery stad na phwrs dyn
Na'i gywoeth mwy nog ewyn.

Guto'r Glyn

231 Nid oes na golud na dim
Na ddiwedda yn ddiddim.

Evan Evans (Ieuan Fardd)

232 Y mae gofal am gyfoeth
Yn lludd dawn ac yn lladd doeth.

Edmwnd Prys

CYMOD

233 Adde' cam a ddwg cymod.

Guto'r Glyn

234 Anodd bod cydfod mewn cail
O bai egwan y bugail.

Evan Evans (Ieuan Fardd)

235 Gorau swydd yw gras i ddyn
Allu toddi llid deuddyn.

Huw Arwystl

236 Gwell dyddio, cyn gweithio gwaith,
Drwy gariad no drygwriaeth.

Hywel Cilan

237 Mwya'i ras am ymryson
Y sydd yn tewi â son.

David Phillips

238 Na chwsg awr â chas gwiriawn,
O gwnei gam, heb gynnig iawn.

Tudur Aled

239 Rhwymer, gludier y gwledydd,
Rhoed Duw rhwng pob rhai oed dydd.

Huw Arwystl

240 Tynder ac anghytundeb
Ni ad nawdd na da i neb.

Edmwnd Prys

241 A ŵyr boen ar obennydd,
A ŵyr fwynhad toriad dydd.

T. E. Roberts

242 Awr Duw yw cyfyngder dyn.

Ben Bowen

243 Cysur mawr i druan gwael,
Pan fo anghaffael arno,
Yw bod arall yn y byd
Mewn gofid gydag efo.

Hen Benillion

244 Da yw cael pan lidio cur,
Law rydd eli ar ddolur.

John Owen Williams
(Pedrog)

245 Daw teg hin 'n'ôl drycin drom,
'N'ôl oerni daw haul arnom.

Evan Evans
(Ieuan Glan Geirionydd)

246 Doed ôd a chafod o uchafion—byd
Rhaid yw bod yn fodlon,
E ddaw unwaith i ddynion
Gawod o haul gwedi hon.

Anhysbys

247 Er maint sydd yn y cwmwl tew
O law a rhew a rhyndod,
Fe ddaw eto haul ar fryn,
Nid ydyw hyn ond cawod.

Hen Benillion

248 Gwybydd, dan law Dofydd Dad,
Nad yw cerydd ond cariad :
Yna o'i law, annwyl Iôn,
Wedi cerydd daw coron.

David Owen
(Dewi Wyn o Eifion)

249 I enaid fo'n aflonydd
Y dyry Duw doriad dydd.

Ben Bowen

250 Na hidia, ffrind, am wawd a sen
eiddigus lwyth,
'Does luchio cerrig ond at bren
ag arno ffrwyth.

T. Jacob Thomas
(Sarnicol)

251 Ni ddaw eiry yn nydd araul
Yn y rhiw tywynno'r haul.

Dafydd Nanmor

252 Ni rydd Naf ar ddyn ufudd
Un fer boen na fo er budd.

David Owen
(Dewi Wyn o Eifion)

253 Nid drycin yw'r hin o hyd,
Gwenau haf a gawn hefyd.

W. Leslie Richards

254 Nid yw'r gaea'n dragywydd,—daw yr haf
Wedi'r holl ystormydd ;
Nac ofnwn, rhodiwn yn rhydd,
Yn llaw Duw mae'n holl dywydd.

John Richard Williams
(Tryfanwy)

255 O doeth gwae adwyth gaeaf,
Diau er hyn y daw'r haf.

Wiliam Llŷn

256 O'r ddaear y daw'r cwmwl du
Sy'n cuddio golau'r nefoedd fry.

T. Jacob Thomas
(Sarnicol)

257 Pan fych mewn poen afiechyd—a phoethion
Effeithiau dy glefyd,
Cofia Grist yn dy dristyd,
A chwerw boen Iachawr y byd.

Robert Williams
(Robert ap Gwilym Ddu)

258 Wedi hir brawf y daw'r bri,
Ni bu glod heb galedi.

William Roberts
(Gwilym Eryri)

DAIONI

259 A fo da ef gelwir dwyfol ;
A fo drwg a drig yn ddidol.

Elidir Sais

260 A wnêl gam, ymchwel ei gŵys,
A fo da, ef a dywys.

Wiliam Cynwal

261 Da am dda sy'n dra rhesymol,
Drwg am ddrwg sy'n anghristnogol,
Drwg am dda sydd yn gythreulig,
Da am ddrwg sy'n fendigedig.

Hen Benillion

262 Derbyn y bydd y dyn da
Yn lle'r hyn oll a ranna.

William Roberts
(Gwilym Eryri)

263 Duw a ry gwymp i'r drwg ŵr,
Duw a gyfyd ei gofiwr.

Huw Arwystl

264 Dyn a wnêl dan annel da,
Duw'n ôl nis dianela.

Guto'r Glyn

265 Gorau dim o Gred yma
A roed i ŵr, ei air da.

Owain Gwynedd

266 Oni chawn nerth uwch na ni,
Ni ddaw un i ddaioni.

Evan Evans (Ieuan Fardd)

267 Y dyn a gaffo enw da
A gaiff gan bawb ei goffa.

Lewis Glyn Cothi

268 Y dyn da nid yw'n dial,
Dywed ef mai Duw a dâl.

Morris Davies
(Meurig Ebrill)

269 Y dyn da, yn ei dywydd,
Gerwinaf oll, di-grŷn fydd.

William Roberts
(Gwilym Eryri)

270 Y pren fyth pur yn ei fôn
A bair afalau'n berion ;
Y gŵr da â gair duwiol
A eura imp ar ei ôl.

Wiliam Llŷn

DEDWYDDWCH

271 Cyn bod yn ddedwydd rhaid i'r gŵr
Gau ei lygaid weithiau'n siŵr ;
Ac weithiau'r wraig, os bydd yn gall,
A gymer arni fod yn ddall.

Hen Benillion

272 Chwilio yman amdani,
Chwilio hwnt heb ei chael hi.

Goronwy Owen

273 Gwell bwth dedwyddyd na chartref adfyd,
Llawenydd ffyliaid nag anhunedd doethion,
Gwell gwên ar ên na galar yn y galon.

John Jones
(Talhaiarn)

274 Gwell ychydig trwy rad Duw
Na'r byd a byw'n anfodlon.

Richard Huws o Gefn
Llanfair

275 O fôr, o faenor, o fynydd—agos
O eigion aflonydd,
Y daw Duw ar hyd y dydd
Â da i adail y dedwydd.

Anhysbys

DIODDEFAINT

276 A fynno gyrraedd nef wen goron,
Dwy ran o'i helynt drain a hoelion.

Goronwy Owen

277 Da i ddyn diodde' ennyd,
Drwy gofus bwnc, drygfoes byd,
Nid da, er hyn, natur rhai,
Diodde' onid a weddai.

Siôn Tudur

278 Dioddef sydd well, a dyddio—heb wg,
Na bygwth neu ddwrdio :
A ddifalch ddioddefo
A orfydd beunydd lle bo.

Anhysbys

279 Er gwŷr ffraeth, er geiriau ffri,
Ni ddaw cân yn nydd cyni.

T. E. Roberts

280 Goddef gamwedd cyn cynhennu,
A ddioddefodd hwnnw orfu.

Pwy ?

281 Gwell i mi golli 'mywyd
Na chan boen nychu'n y byd.

Tudur Aled

282 Mae digon o wroldeb, oes,
Gan bawb os arall fydd dan groes ;
Ond nid mor hawdd y ceir y dyn
A gynnal bwys ei faich ei hun.

Hen Benillion

283 Mae rhyw groes, friw einioes frau,
A rhyw gur i'r rhai gorau.

Huw Morus

284 Mwya'i gais am ei gysur
Y mwya'i gŵyn am ei gur.

David Phillips

285 Ni chêl grudd gystudd calon.

Llywarch Hen

286 Pob iselder a cherydd,
Mal cyffur dan fesur fydd ;
Gŵyr y meddyg roi moddion,
Gorau o neb gŵyr ein Iôn.

David Owen
(Dewi Wyn o Eifion)

Poen

287 Wele wanwr calonnau,—a'i golyn
Yn ddirgelwch oesau ;
Fflam erwin trwy'r gwythi'n gwau,
Angerdd ing, arwydd angau.

D. Emrys James
(Dewi Emrys)

DIWYDRWYDD

288 Gwae'r diofal ysmala,
Gwynfyd i'r diwyd a'r da.

Goronwy Owen

Y Gweithiwr

289 Gŵr da, gwas'naethgar diwyd,—yw'r Gwei-
E goetha ddaearfyd,— [thiwr,
A gwron diseguryd,
Cyfiawn o barch,—asgwrn cefn byd.

David Roberts
(Dewi Havhesp)

290 Hawdd i lafurwr hoywddol
Hyder ar Dduw Nêr yn ôl.

Iolo Goch

291 Lle rhydd ffwdan drwstan dro,
Rhydd diwydrwydd ei ddeudro.

John Owen Williams
(Pedrog)

292 Ni fydd ef, a fo ddyfal
Yn y byd hwn heb y tâl.

Siôn Tudur

293 Os myn y dyn derfyn da,
Myfyried am ei fara.

Thomas Llywelyn, Rhigos

294 Wrth weled gwaeled yw gwŷr,
E gâr pawb y gŵr pybyr.

Wiliam Cynwal

295 A fo doeth efe a dau ;
Annoeth ni reol enau.

Gwilym ap Ieuan Hen

296 A nertho farn wrth a fu,
Ef a erys yfory.

T. Gwynn Jones

297 Anodd yw dysgu annoeth,
A dysg yw ymddiddan â doeth.

Tudur Aled

298 Beunydd rhaid ateb annoeth
Â gair a dynn y gŵr doeth.

Edmwnd Prys

299 Doethineb gorau yn y byd
Yw cymryd cyngor da mewn pryd.

Rhys Prichard (Ficer)

300 Gair yn deg ar enau doeth
A uniona un annoeth.

Huw Arwystl

301 Gwaith buan magu annoeth,
Ara' deg y megir doeth.

Idwal Lloyd

302 I lunio'r meddwl annoeth
Gorau dysg yw gair y doeth.

T. E. Roberts

303 Lle doi angall â dengair,
Llunier i gall hanner gair.

Owain Gwynedd

304 Llygaid a ddywaid i ddoeth
Synnwyr lle nis cais annoeth.

Gutun Owain

305 Mae siarad, bob amserau,—â rhai doeth
Yn rhoi dysg i'n pennau ;
Ond â ffyliaid, giwaid gau,
Tewi siarad sy' orau.

Ioan Deudraeth

306 Myn dewi, er mwyn deall,
O mynni dy gyfri'n gall.

William Morris

307 Ni ddichon mewn heddychau
Na bo doeth y neb a dau.

Huw Cae Llwyd

308 Ni nofiodd mewn un afon
Y doeth yn erbyn y don.

Thomas Llywelyn, Rhigos

309 Ni wna ei ddawn un yn ddoeth
Na'i anallu'n un annoeth.

Tommy Evans,
Llanfyrnach

310 Nid yw'n ddawn i ddweud yn ddoeth
O drueni dy drannoeth.

W. Rhys Nicholas

311 O ddal ar dy feddyliau,
A gwarchod y tafod tau,
Fe ddeli di feddwl doeth,
A doeth dy feddwl dithau.

T. Gwynn Jones

312 Y doeth ni ddywed a ŵyr ;
Nid o sôn y daw synnwyr.

Gwilym ap Ieuan Hen

313 Y gwir yw deddf y gŵr doeth,
Gwirionedd yw gwae'r annoeth ;
Gelyn yn dilyn y doeth
I hau drain ydyw'r annoeth.

William Morris

DYCHAN

314 A pha Gristion ddichon ddal
Moddion y sebon meddal ?

Thomas Tudno Jones
(Tudno)

315 A fo gwirion a llonydd,
Difalais, difantais fydd,
A'r cyfiawn fuchedd heddyw,
Ym marn y byd ynfyd yw.

Huw Llwyd o Gynfal

316 Ariannoedd neu aur ennyd
A wna'r gau yn wir i gyd.

Wiliam Llŷn

317 Gad heibio dy gydwybod,
Yna ti gei lond dy god.

T. Gwynn Jones

318 Mi ddarllenais ddod yn rhywfodd
I'r byd hwn wyth ran ymadrodd,
Ac i'r gwragedd (mawr lles iddynt)
Fynd â'r saith o'r wythran rhyngddynt.

Hen Benillion

319 Ni chredir yn wir i neb
Ond i un â dau wyneb.

Tudur Aled

320 Noethed bawb, nithied heb wir,
Fai'i gilydd, ef a goelir.

Tudur Aled

321 O dywedi'r gwir didwyll,
Dywed byd nad da dy bwyll.

T. Gwynn Jones

322 Oni ŵyr pawb mai gwir pur
Yw popeth fo'n y papur ?

T. Gwynn Jones

323 Pa ryw fudd na phryn rhuddaur ?
A pha ryw nerth na phryn aur ?

J. Morris-Jones

324 Sidan glân yw gwisg anwir,
Bratiau yw gwregysau Gwir.

Robert Williams
(Robert ap Gwilym Ddu)

325 Tydi'r gwan, taw di â'r gwir,
Arian da a wrandewir.

Iorwerth Fynglwyd

326 Y sawl sy'n caru gweniaith
Sy'n aml ei gydymaith,
A'r sawl a draetha'r gwir o'i galon
A gaiff gas ei holl gymdeithion.

Hen Benillion

FFOLINEB

327 A adeilo hudoliaeth,
Adeiled dref ar dâl traeth.

Guto'r Glyn

328 Dyna'r ffordd 'radwaenir ffŵl,
Ef a addef ei feddwl.

Huw Llwyd o Gynfal

329 'Dyw ffôl, er ei ffolineb,
Heb fod â pheth doethineb,
Na'r calla' chwaith, er mor ddi-feth,
Heb ynddo beth gwiriondeb.

Tribannau Morgannwg

330 Ffoledd, drwy anoff helynt,
I saer gwych fesuro gwynt.

Edmwnd Prys

331 Golud ymhell
A chwilia'r ffôl,
A'r mwnai gwell
I gyd ar ôl.

T. Jacob Thomas
(Sarnicol)

332 I beth y rhuthrwn drwy'r byd?—Gwirion yw
Gyrru'n wyllt drwy fywyd :
Daw blino brysio ryw bryd,
A daw sefyll disyfyd.

O. M. Lloyd

333 Ond o bob ffŵl fu 'rioed,
Wel dyma'r ffŵl digymar
Yw'r ffŵl sy'n credu'i fod
Y callaf ar y ddaear.

Richard Davies
(Mynyddog)

334 Ymffrostiaf bellach yn f'ymennydd pŵl,—
Nid oes paradwys fel paradwys ffŵl.

T. H. Parry-Williams

335 Yn hyn o fyd, ynfyd ŷm,
Diodid ffyliaid ydym ;
Ond os e, o'r ffyliaid sydd,
Ffŵl saffa, ffilosoffydd.

T. Gwynn Jones

FFYDD

336 A oes nos o'n cwmpas ni
Na wêl hon i oleuni ?

John Owen Williams
(Pedrog)

337 Ffydd fywiol wreiddiol ar weddi—heb lid
Ffydd â blodau arni ;
Ffydd heb un awr ddiffoddi,
Ffydd gref â i'r nef â ni.

Thomas Edwards
(Twm o'r Nant)

338 Ffynnon cysuron y sant,
A'i gannwyll i ogoniant.

William Thomas
(Islwyn)

339 Gobaith ydyw effaith hon,
A chariad yw ei choron.

William Thomas
(Islwyn)

340 Gwaith heb ffydd ni thycia,
A ffydd heb waith a balla.

Rhys Rhydderch

GALAR

341 Am dy alar galaraf,—oherwydd
Dy hiraeth hiraethaf,
Yn fy enaid griddfanaf
Drosot ti a chyd-dristâf.

Dic Jones

342 Amodau, rhwymau oedd rhôm,
Eithr angau a aeth rhyngom.

Tudur Aled

343 Galar, er i oes gilio,
Yw anwes cynnes y co'.

S. B. Jones

Unig ferch y bardd

344 Mae cystudd rhy brudd i'm bron—'r hyd
Rhed afonydd heilltion ; f'wyneb
Collais Elin, liw hinon,
Fy ngeneth oleubleth lon !

Goronwy Owen

345 Ni chân cog ddim amser gaea',
Ni chân telyn heb ddim tanna',
Ni chân calon, hawdd ich wybod,
Pan fo galar ar ei gwaelod.

Hen Benillion

346 O Dduw Tad, o chuddiwyd hi,
Nad oeddwn amdo iddi,
Och un awr na chawn orwedd
Gyda bun dan gaead bedd.

Dafydd Nanmor

347 O thyr calon rhag galar,
Y fau a fydd dau hanner.

Cynddelw Brydydd Mawr

348 Os marw bun, oes mwy o'r byd?
Mae'r haf wedi marw hefyd.

Tudur Aled

349 Stafell Gynddylan ys tywyll heno,
Heb dân, heb wely,
Wylaf wers, tawaf wedy.

Anhysbys

GOBAITH

350 Ag olew ei addewid
Mae'n medru lleddfu pob llid,
A throi'n dyner lawer loes
Yrrai wenwyn ar einioes.

John Owen Griffith
(Ioan Arfon)

351 Ar fron y nos mae seren gu,
A deilen werdd ar ywen ddu;
Yn oergri'r gwynt ceir goslef hedd,
A blodyn gobaith dyf o'r bedd.

R. Silyn Roberts
(Silyn)

352 Ba enaid ŵyr ben y daith ?
Boed anwybod yn obaith.

R. Williams Parry

353 Beth a dâl gobaith dilesg
I dewi llid henfyd llesg ?

William Morris

354 Bore oes—O ! mor brysur—y gwibia
Gobaith ar ei antur :
Canai lai pe gwelai gur
Y blodau dan y bladur.

H. Elvet Lewis (Elfed)

355 Ceisio gobeithio tra bôm
Yw hanes pawb ohonom.

Elwyn Evans

356 Eitha gobaith yw gwybod
Am wraidd byw a mawredd Bod.

David Phillips

357 Er cur hen, er llawer craith,
Ni châr neb fyw heb obaith.

Brinley Richards

358 Er cwyno lawer canwaith—a gweled
Twyll y galon ddiffaith,
Ni fyn Duw o fewn y daith
Droi neb i dir anobaith.

Robert Williams
(Robert ap Gwilym Ddu)

359 Er hyd fo'r noswaith weithiau
Ei diwedd hi fydd dyddhau.

Bedo Aerddrem

360 Er na fyn Duw deg weniaith—bechod
Am bob achos diffaith,
Ni fyn Duw gwyn gwedi'r gwaith
Mynnu neb mewn anobaith.

Anhysbys

361 Er y curo a'r corwynt,—er y niwl,
Er y nos ar f'emrynt,
Hyderaf y caf, fel cynt,
Weld yr haul wedi'r helynt.

Robert Owen Hughes
(Elfyn)

362 Gobaith yn fwy na gwybod—yw fy rhan,
Ofer gwaith im ganfod
Beth wyf i am byth i fod,
Rhaid ei adael i'r Duwdod.

Roger Jones, Tal-y-bont

363 Gobaith yw'r angel gwibiol—na edwyn
Adwy y presennol ;
Rhed i fedi'r dyfodol,
A'r grawn aur a garia'n ôl.

Thomas Williams, Ynys-y-bwl

364 Iaith enaid geneth unig—a seren
Fach siriol yr ysig,
Moeth ydyw i'r methedig,
Bwthyn i drempyn heb drig.

William Davies
(Wil Dyfan)

365 I'r neb fo brin ei obaith,
Hir a dwys fydd pob rhyw daith.

T. Gwynn Jones

366 Rhwygir y llong ar greigiau,—ni welir
Ei ôl ar y tonnau,
Eto cludir y broc brau
Yn ôl inni i'r glannau.

E. R. Davies, Borth-y-gest

367 Trwy hyder ar dyle'r daith
Y mae gwybod grym gobaith.

J. M. Edwards

368 Yn araf, fy mrawd, paid, paid anobeithio,
Gwnei gam ag addewid gyfoethog yr Iôr ;
A ddiffydd yr haul am i seren fachludo ?
Os pallodd yr aber, a sychodd y môr ?

John Blackwell (Alun)

GOFAL A GOFID

369 Blin yw dringo creigiau geirwon,
Blina' gelltydd yw gofalon ;
Duw ei Hun a'u rhoes hwy yno,
A Duw a roes y nerth i'w dringo.

Lewis Morris

370 Diofal yw'r aderyn,
Ni hau, ni fed un gronyn,
Heb ddim gofal yn y byd,
Ond canu ar hyd y flwyddyn.

Hen Benillion

371 Hualwyd fi, hoeliwyd f'ais,
Hual gofal a gefais.

Dafydd ap Gwilym

Gŵr Trwblus

372 Mae dolur difesur dan f'asau—'n tramwyo
Mae trymion feddyliau ;
Y mae enaid i minnau,
Er na chaf ffordd i'w choffáu.

Anhysbys

373 Mae'r esgid fach yn gwasgu
Mewn man nas gwyddoch chwi,
A llawer gofid meddwl
Sy'n torri 'nghalon i.

Hen Benillion

374 Ni chêl y grudd cystudd caeth
Y galon a ddwg alaeth.

Anhysbys

375 O'r ysgoldai a'r athrawon
Sy'n y byd i ddysgu dynion,
Gorau ysgol yn yr hollfyd
I ddysgu dyn yw ysgol adfyd.

Hen Benillion

GRAS

376 Cynnig rhad i bob adyn,—a gwenau
Gogoniant i'r cyndyn ;
Golau ar lwybrau'r gelyn
A dawn Duw i eni dyn.

J. M. Edwards

377 Gras ag urddas y gwirDduw
A gorau stôr yw gras Duw.

Siôn Tudur

378 Gras Duw a wna gŵr o stad.

Wiliam Cynwal

379 Gras, pob un a'i dymunai,
Ni rydd Duw ras ond i rai.

Huw Arwystl

380 Gras yn unig sy'n ddigon
I lawenhau'r galon hon.

William John Roberts
(Gwilym Cowlyd)

381 Ira' rhodd ar wŷr heddyw
A gorau stad yw gras Duw.

Huw Arwystl

382 Mwya' gras yw ymgroesi.

Siôn Tudur

383 Ni fydd mewn gelltydd gwylltion—afalau
Neu felys bêr aeron ;
Na daioni mewn dynion,
Oni bai ras yn eu bron.

Evan Evans
(Ieuan Fardd)

384 Rhaid i'r un y rho Duw ras
Gydgerdded gydag urddas.

Tudur Aled

GWAGEDD AC OFEREDD

385 A fo pen tyngedfennol,
Ofer i neb ei fwrw'n ôl.

Ieuan Deulwyn

386 Ba well cwyn heb allu cael ?

Tudur Aled

387 Beth fydd i neb o'i febyd ?
Ffoledd a gwagedd i gyd.

Edmwnd Prys

388 Dirym yw gwalch ar drum gwŷdd,
A dinerth heb adenydd ;
Beth a dâl cloch, rhoch i'r rhod,
Bwynt ofer, heb un tafod ?

William Cynwal

389 Dyn nid oes na da na dim
Na ddiweddir yn ddiddim.

Rhys Cain

390 Euro f'aur, mawr oferedd—neu gannu
Y gwyn eira ceinwedd :
Peintio gardd haf, wychaf wedd,
Neu gywreinio gwirionedd.

Morris William (Nicander)

391 Gwagedd mawr rhoi serch a bryd
Ar olud byd a'i wychder.

Robert Davies (Bardd Nantglyn)

392 Ni chais, a difantais fych,
Y rhodd byth nis cyrhaeddych.

Guto'r Glyn

393 Nid ydyw da'r byd
A'i hyder o hyd,
I ŵyr ac i wragedd ond gwagedd i gyd.

Huw Morus

394 Nid yw golud ond gwaeledd,—nid yw'r byd
Er ei barch, ond gwagedd ;
Dan sêr 'does ond oferedd,
Oes o boen i aros bedd.

William Williams, Llanbrynmair (Gwilym Cyfeiliog)

395 Oes urddas na phlas na phleser,—na chost
Na chestyll na gwychder,
Na dim a wnaeth Duw a'm Nêr
Dan nefoedd nad yw'n ofer?

Thomas Edwards
(Twm o'r Nant)

396 Ofer pan hanner hunwyf,—a hefyd
Ofer pan ddeffrowyf;
Afradus, ofer ydwyf,
Fe ŵyr Duw ofered wyf.

Siôn Dafydd Las

397 Ofer ydyw saethu seren,
Ofer golchi traed hwyaden;
Ofer ydyw, cofia'r ddameg,
Iro tor yr hwch â bloneg.

Hen Benillion

398 Ofer yw'r gwychder i gyd,—a'r cofion
A'r cyfoeth a'r bywyd;
Ofer, rhy ofer hefyd,
Oferedd balch fawredd byd.

Thomas Edwards
(Twm o'r Nant)

399 Onid oes well a phellach,
Ynfyd yw ein bywyd bach.

Pwy ?

400 Pa les yw cael byw'n y byd,—a meddu
Pob moddion am ennyd ?
Gorwedd yn llwch y gweryd
Yn fuan iawn gawn i gyd.

David Thomas
(Dewi Hefin)

401 Pa mor ofer yw ymrwyfo
Am ormodedd yn y diwedd a'n gadawo.

Robert Davies (Bardd
Nantglyn)

402 Treuliais a gefais o gyfoeth,—anfuddiol
Heb feddwl am drannoeth ;
Cefais am wario cyfoeth
Ddeulin a phenelin noeth.

Anhysbys

403 Un fodd yw'r byd, cyngyd cêl,
Â phaentiwr delw a phwyntel . . .
Dangos a wna, da diddim,
Dwys ei dâl, lle nid oes dim.

Siôn Cent

404 Asgell o bob edn gwisgwych
Ar fryn a wnâi'r frân yn wych.

Siôn Tudur

405 Beth a wna'n deg yr egin?
Bod y gwraidd heb edau grin.

Wiliam Llŷn

406 Chwilen hed uwch heolydd,
Ac yn y dom cyn y dydd.

Siôn Tudur

407 Da'r ardd ychen mewn pen pant,
A chytûn, o chyd-dynnant.

Wiliam Llŷn

408 Derwen o gyff derw yn gainc
A dyf drwy fangoed ifainc.

Tudur Aled

409 Drygwynt o daw ar egin
A grina gwŷdd a grawn gwin.

Dafydd Llwyd o Fathafarn

410 Dŵr a fyn ei derfynau.

David Owen
(Dewi Wyn o Eifion)

411 Ef â afon yn fwyfwy
Hyd y môr ac nid â mwy.

Lewis Glyn Cothi

412 Eiry mynydd, hydd ym mro :
Gochwiban gwynt uwch blaen to ;
Nid ymgêl drwg yn lle y bo.

Anhysbys

413 Gnawd i hardd, ped fai'r harddaf,
Edwi, 'n ôl dihoeni haf.

Goronwy Owen

414 Hysbys y dengys y dyn
O ba radd y bo'i wreiddyn.

Tudur Aled

415 Lle mager yr aderyn
Yno trig, natur yw hyn.

Deio ap Ieuan Du

416 Llwm yw'r ŷd lle mae'r adwy.

Edmwnd Prys

417 Ni ddiwraidd pren gwyrennig,
Ni chrina, ni freua'i frig.

Wiliam Llŷn

418 Ni nofia mewn un afon
Bôn dâr yn erbyn y don.

Iorwerth Fynglwyd

419 Nid aelaw gŵr heb dylwyth,
Nid derwen na phren heb ffrwyth.

Guto'r Glyn

420 Nid gŵr heb newid gware,
Nid llong heb fyned o'i lle.

Guto'r Glyn

421 Nid yw'n debig, uwch brig bron,
Derwen bur a drain byrion.

Wiliam Cynwal

422 O fesen, derwen a dyf.

Tudur Aled

423 O'r tân mawr tenau yw mwg.

Tudur Aled

424 Pwy ni fydd aflonydd flin
A fo noeth ar fôn eithin?

Syr Owain ap Gwilym

425 Rhuad a fydd o'r rhyd fas,
Nid o'r dwfn na dŵr difas.

Tudur Aled

426 Y gwraidd a fo goreudda,
Gnawd dwyn ohono gnwd da.

Anhysbys

427 Y llyn dyfnaf o'r afon,
Isaf fis haf yw ei sôn.

Gwilym ap Ieuan Hen

428 Yn eithaf pridd ni thyf pren
Heb wraidd ir yn bur dderwen.

Wiliam Cynwal

GWIRIONEDD

429 A dawo a wrandewir ;
O dewi gwers y daw gwir.

Lewis Glyn Cothi

430 Addwyna' cosb i ddyn call
Oedd anwiredd un arall.

Owain Gwynedd

431 A fo'n gam ni fyn y gwir,
A fo'n iawn ni fyn anwir.

Huw Arwystl

432 Aeth anwir ar faeth ennyd,
Aeth y gwir ar feth i gyd.

Iorwerth Fynglwyd

433 Ar y gwir mae rhagoriaeth,
O'm lleddir am wir, ba waeth ?

Ieuan Tew Brydydd

434 Asgell fuan sy i anwir,
Ara'i gam y crwydra'r gwir.

Idwal Lloyd

435 Celwydd â'n gelwydd golau,
A gwir a fydd gwir, nid gau.

Anhysbys

436 Dilyn byth i lan y bedd
Gywreinwaith y Gwirionedd.

David Thomas (Dafydd
Ddu Eryri)

437 Geiriau anwir a grina,
Y gwir ar ŵr gorau'r â.

Huw Arwystl

438 Gwae a fo wrth gau ei fedd
Yn aros mewn anwiredd.

Dafydd ap Maredudd ap Tudur

439 Gwaeth ydyw'r gwir er drwg a ddwedir
Na'r holl gelwyddau rhonc a ledir.

T. Jacob Thomas (Sarnicol)

440 Hynod yw triciau'r anwir-i hawlio
Rhyw olud nas haeddir ;
Ond gŵyr yr enaid geirwir
Ba ryw gost yw byw i'r gwir.

B. T. Hopkins

441 Ni chredir yn wir i neb
Ond i un â dau wyneb ;
Sy ddrwg sy heddiw ar wir,
Ar un da ni wrandewir.

Tudur Aled

Gwirionedd

442 Ni syflir hwn o'i safle,
Ei dŵr a'i nerth yw Duw'r Ne'.

Penfro

443 Ni thynnir y gwir o'i garn,
Nid â'n us dan ei wasarn.

Lewys Môn

444 O thraethir y gwir a'r gau,
Y gair tecaf yw'r gorau.
Ni thraethir y gwir i gyd
Yn llyfr, nac unlle hefyd.

Guto'r Glyn

445 O'r swyddau gorau a geir—o'r byd,
Gorau bod yn gywir ;
Ni freinia nef yr anwir,
Ni fynn Duw gwyn ond y gwir.

Tudur Aled

446 Tynnu mae'r byd at anwir,
Enllibio a gwawdio gwir ;
Troi wyneb at yr anwir,
Bradychu a gwerthu gwir.

Robert Williams
(Robert ap Gwilym Ddu)

447 Ynghanol yr holl ffoledd,—y berw
Barbaraidd a'r rhysedd,
Gwâr ei fyd yw'r gŵr a fedd
Un gronyn o'r Gwirionedd.

Donald Evans

448 Yn ei rwn heua'r anwir
Warth a gwawd yn rhith y gwir.

David Phillips

449 Yn ôl anwiredd y naill
Anwiredd a wna eraill.

Maredudd ap Rhys

450 Yr enaid ni choronir,
Er mor wael, heb gael y gwir,
Er enwog fawrhau anwir,
Cryfach, rhagorach y gwir.

Robert Williams
(Robert ap Gwilym Ddu)

451 Yr hwn ŵyr hau anwiredd
Med farn cyn mudo i'w fedd.

Ebenezer Thomas
(Eben Fardd)

452 A roddo hwnt ei ruddaur
Ef a fydd fwyfwy ei aur.

Lewis Glyn Cothi

453 Agor dy drysor, dod ran,—trwy gallwedd,
Tra gellych i'r truan :
Gwell, ryw awr, golli'r arian
Na chau'r god a nychu'r gwan.

Evan Evans
(Ieuan Fardd)

454 Boed lon dy lys,
Boed lawn dy wledd,
A chofia flys
Yr hwn na fedd

Eliseus Williams
(Eifion Wyn)

455 Brawd yw'r hael, iawn afael iôn,
Berw ffyniant, i brif ffynnon,
Llawn o'r hoywddwr, llyn roddi,
Llu a'i hyf, ni bydd llai hi.

Siôn Cent

456 Cadw dy ddôr yn agored,—
Gŵr a fo hael, rhagor a fed.

Eliseus Williams
(Eifion Wyn)

457 Dyn a ro da yn ei raid,
Duw a ran da i'r enaid.

Guto'r Glyn

458 Gwell i ŵr golli arian
Na cholli gweddi'r dyn gwan.

Wiliam Llŷn

459 Gwenu'n llon o ddydd i ddydd
Mae y ffrwd risialog rydd,
Nid yw'n cwyno ar ei byd
Er rhoi a rhoi o hyd.

Richard Davies
(Mynyddog)

460 Gwyn ei fyd, ennyd anun,
A fo hael i'w fyw ei hun.

Siôn Cent

461 Gwyn ei fyd y gŵr a fedro
Heddiw rannu, hefyd addo,
Fe gaiff hwnnw fywyd llawen
Heb na llid na chas na chynnen.

Hen Benillion

462 Na chynilwch, anwylyd ;
Tâl Duw gost y tlawd i gyd.

David Owen (Dewi Wyn
o Eifion)

463 Ni châi Dduw arian anael,
Nid rhaid ond amnaid ar hael.

Lewis Glyn Cothi

464 Nid hael wrth gael ei gyfryw.

Dafydd ap Gwilym

465 Rhyfedd i Dduw, o rhôi dda,
Na rôi olud i'r haela',
A rhoi i'r cybydd yrhawg
Dwyn ei fyd yn ofidiawg.

Anhysbys

466 Y da ddêl yn dy ddwylaw,
Gwell it roi na'i golli draw,
Cymer o fwynder tra fych,
Dod ran o'r da yn fynych.

Siôn Tudur

467 Y fynwes a fo anael
A fwrw roi yn fai ar hael.

Tudur Aled

468 Y llaw a estynno'n llawn
A gynnull yn deg uniawn.

Wiliam Llŷn

469 Yr aur aml a roer yma
O goffr Duw a gaiff aur da.

Guto'r Glyn

470 Yr hael fry a ddyry'i dda,
A fo caled fe'i cela.

Wiliam Llŷn

471 Bod yn ddyfal heb falais,
Heb geisio na thro na thrais,
Ac annog byw'n ddigynnen
A wnâi yr hil yn wŷr hen.

Wiliam Llŷn

472 Dianc trais yw cais y call,
Cael hedd yw diwedd deall.

David Emrys James
(Dewi Emrys)

473 Dwyn ei glaim heb dynnu'i gledd,
Duw'n ei ran, dyna'i rinwedd.

Owain Gwynedd

474 Gwell yw'r byd lle bo'r ŷd bras
No bod utgyrn byd atgas.

Lewys Môn

Y Tangnefeddwr

475 Gŵr annwyl mewn gwirionedd,—cwyd ei [lais
Pan wêl drais neu drosedd;
Ei nod yw undod a hedd
A charu lle bo chwerwedd.

William Davies
(Wil Dyfan)

476 Gwyn eu byd tu hwnt i glyw,
Tangnefeddwyr plant i Dduw.

Waldo Williams

477 Hawdd i uchel heddychu.

Tudur Aled

478 I'r cledd dur rhy'r segur swydd
O rydu mewn gwaradwydd.

Richard Davies (Tafolog)

479 Mae gŵr â grym i'w gariad—yn addurn
A nawdd i wareiddiad;
Gŵr â'i gledd sy'n gyrru gwlad
Yn anialwch mewn eiliad.

Charles Jones, Mynytho

480 O bob ymryson y bydd
Terfyn llawn trwy fyw'n llonydd.

Edward Morris

481 Segurdod yw clod y cledd,
A rhwd yw ei anrhydedd.

William Ambrose
(Emrys)

482 Ym merw y byd mae awr bêr—i wyliwr,
Awr chwalu trais Amser ;
Awr y swyn pan losgo'r sêr
Edefyn y cnawd ofer.

David Emrys James
(Dewi Emrys)

483 Ymdawelaf, mae dwylo—Duw ei Hun
Danaf ym mhob cyffro ;
Yn nwfn swyn ei fynwes O
Caf lonydd, caf le i huno.

Ben Bowen

HENAINT

484 Aeth henaint â'm braint, a'm brig—a lwyd-
A'm haelodau'n ysig, [odd,
Diffaith fydd pren gwyrennig
Yn y fron pan grino'i frig.

Anhysbys

485 Blino wrth rodio'r ydwyf,—
Llusgo ar ôl, llesgáu'r wyf.

Robert Williams (Robert ap Gwilym Ddu)

486 Byw ar hafau borefyd,
A'u braint mae henaint o hyd.

T. Jacob Thomas (Sarnicol)

487 Crynedig i'm croen ydwyf,
Crynfa deilen aethnen wyf.

Evan Evans (Ieuan Fardd)

488 Diddanwch diwedd einioes
Yw rhoi trem ar hytir oes.

T. Jacob Thomas
(Sarnicol)

489 Drwy ddiwydrwydd y ddeudroed—y cerdd-
Nes cwrddyd â'r trithroed : [ais,
Ar ôl dydd y trydydd troed
Daw hurtrwydd a phedwartroed.

Owen Gethin Jones
(Gethin)

490 Ffei o ieuenctid am ffo ;
Ni ffy henaint, ffei ohono.

Siôn Tudur

491 Gwae'r gwan dan oedran nid edrych,—ni
Ni cherdda led y rhych. [chwardd,
Gwae ni wŷl yn gynilwych,
Gwae ni chlyw organ na chlych.

Guto'r Glyn

492 Hawdd i'r hen yn hindda'r haf
Herio gwewyr y gaeaf.

T. E. Roberts

493 ‘Henaint ni ddaw ei hunan’ ;—daw ag och
Gydag ef a chwynfan,
Ac anhunedd maith weithian,
A huno maith yn y man.

John Morris-Jones

494 ‘Henaint ni ddaw ei hunan’,—yn dilyn
Mae’i deulu anniddan :
Y war grom mal gŵyr gryman,
A mil o gamau mân, mân.

Ellis Owen, Cefn-y-Meysydd

495 Llawn yw stên atgof henoed
O win y diddychwel oed.

J. H. Roberts (Monallt)

496 Mewn henaint mae anhunedd,
Brad a gwae i bryd a gwedd.

Edward Richard

497 Mor ysgawn yw gwawn ar goed,
Ysgawnach yw cwsg henoed.

T. Jacob Thomas (Sarnicol)

498 Myned sydd raid i minnau—drwy wendid
I'r undaith â'm tadau ;
Mae 'mlinion, hwyrion oriau,
A'm nos hir yn ymnesáu.

Robert Williams (Robert
ap Gwilym Ddu)

499 Nid yw'r egni dirwgnach—ysig ŵr,
Yn f'esgeiriau bellach ;
Rhaid imi rodio mwyach
Dwyni'r byd yn ara' bach.

J. J. Williams

500 Pan fyddo'r ên yn crynu,
A'r talcen yn croen-grychu,
Fe fydd y deall mwyaf glew
Dan gwmwl tew'r pryd hynny.

Hen Benillion

501 Wyf hen ; wyf unig ; wyf annelwig oer,
Gwedy gwely ceinmyg,
Wyf truan, wyf tridyblyg.

Llywarch Hen

502 Y winwydden a nyddir
Yn egwan iawn ac yn hir,
Pan êl yn hen, gangen gu,
Ni oddef mwy o'i nyddu.

Bedo Aerddrem

HIRAETH

503 Daw hiraeth â du oriau,—daw â'i gur
Daw â'i gwsg di-nosau ;
Hwn â'i loes sydd yn amlhau
Ei arwyddion ar ruddiau.

Elias Davies

504 Dwedwch, fawrion o wybodaeth,
O ba beth y gwnaethpwyd hiraeth,
A pha ddefnydd a roedd ynddo
Na ddarfyddai wrth ei wisgo ?

Hen Benillion

505 Fe rydd ei friw i weddw fron—â'i gyllell
Ddydd y golled greulon ;
Yna tyrr bob dydd fel ton
I'r hollt yn ddagrau heilltion.

Ben Jones

506 Hiraeth yw anadl cariad,
Rhydd her i amser ei hun.

Gwilym R. Jones

507 Llawer milltir o hiraeth
Y sydd mewn un ergyd saeth.

Huw Cae Llwyd

508 Mae hiraeth yn y môr a'r mynydd maith,
Mae hiraeth mewn distawrwydd ac mewn cân,
Mae murmur dyfroedd ar dragywydd daith,
Yn oriau'r machlud, ac yn fflamau'r tân.

R. Williams Parry

509 O na ddeuai chwa i'm suo,
Chwa o'r mynydd distaw pell,
Chwa o'r moroedd glas di-ruo
Ddwg i gof y dyddiau gwell.

Albert Evans Jones
(Cynan)

510 Pob mwynder, ofer afiaith,—pob meddwl,
Pob moddus gydymaith,
Popeth, yn wir, ond hiraeth,
Yn gynnar iawn oedd genni'r aeth.

Anhysbys

511 Rhy hwyr bob tro yw hiraeth
I ddirnad sangiad y saeth.

Dic Jones

Hiraeth am Grist

512 'Rwy'n edrych dros y bryniau pell
Amdanat bob yr awr,
Tyrd, fy anwylyd, mae'n hwyrhau,
A'm haul bron mynd i lawr.

William Williams, Pant-y-celyn

513 Toredig atgo'n trydar—a'r enaid
Dan driniaeth edifar :
Wylo'i gŵyn mae'r sawl a gâr
A'i nef yn ddarn o'i afar.

Richard Hughes

514 Trist yw nad oes heddyw sôn
Am daith fy nghydymdeithion ;
Nid oes, lle'r oedd gannoedd gynt,
Hanes am un ohonynt.

T. Gwynn Jones

515 Y lle bûm yn gware gynt
Mae dynion na'm hadwaenynt ;
Cyfaill neu ddau a'm cofiant,
Prin ddau, lle bu gynnau gant.

Goronwy Owen

516 Y mae hiraeth wedi 'nghael
Rhwng fy nwyfron a'm dwy ael,
Ar fy mron y mae yn pwyso,
Fel pe bawn yn famaeth iddo.

Hen Benillion

Hiraeth am ei Ferch

517 Ymholais, crwydrais mewn cri,—och alar !
Hir chwiliais amdani :
Chwilio'r celloedd oedd eiddi,
A chwilio heb ei chael hi.

Robert Williams (Robert ap Gwilym Ddu)

518 Yn y grug a'r donnog ros
Sŵn hiraeth mwyn sy'n aros . . .
Hiraeth yw na thraetha iaith
Ac a leinw a'i clyw eilwaith,
Fel nad êl o'i enaid o
Na'i ing hyd fyth yn ango.

T. Gwynn Jones

IECHYD

519 A gwir yw nas gŵyr yr iach
Y gofid a gâi afiach.

Evan Evans
(Ieuan Fardd)

520 Baich yw y byd heb iechyd,
Er ei gael yn aur gyd.

Huw Davies Richards
(Caswallon Machno)

521 Diau ni ŵyr y dyn iach
Dynn ofid y dyn afiach.

W. Leslie Richards

522 Diddim oll mewn cystudd mawr
Yw'r hen ddoluriau unawr.

Tommy Evans, Llan-
fyrnach

523 Hawdd yw dwedyd ' Dacw'r Wyddfa ',—
Nid eir trosti ond yn ara' ;
Hawdd i'r iach a fo'n ddiddolur
Beri i'r afiach gymryd cysur.

Hen Benillion

524 Llawn gofal anial, ennyd—tra ofnog
Lle trefno Duw glefyd ;
Llawn bâr yw pob lle'n y byd,
Llawn baich lle ni bo iechyd.

Siôn Tudur

525 O bopeth byd i gyd a gaf
Yn wir, iechyd yw'r uchaf.

David Roberts (Dewi Havhesp)

526 Ofer yw'r gwychder i gyd—ac ofer
Yw gofal am fywyd ;
Ofer holl bŵer y byd,
O bai ochain heb iechyd.

Tudur Aled

527 Pe bawn aer ar Gaer i gyd,—a Rhufain
A rhifo mwy hefyd,
Anodd yw byw yn y byd
O bai achos, heb iechyd.

Anhysbys

528 Pib ochain, pe heb iechyd,
I foddio'r bedd fyddai'r byd.

David Roberts (Dewi Havhesp)

529 Ymrodio'n hyf mae'r dyn iach,
Ymrwyfo y mae'r afiach.

David Roberts (Dewi Havhesp)

LLAWENYDD

530 Calon lân sy'n gân i gyd,
Ac enfawr yw ei gwynfyd.

Daniel James (Gwyrosydd)

531 Canu wnaf a bod yn llawen
Fel y gog ar frig y gangen,
A pheth bynnag ddaw i'm blino,
Canu wnaf a gadael iddo.

Hen Benillion

532 Cerdd a bair yn llawenach
Hen ac ieuanc, claf ac iach.

Dafydd ap Gwilym

533 Llawen iawn, a llawen fydda,
Tra bwyf ar y ddaear yma,
A llawenydd sydd i'm cadw,
Tra bwyf byw, ni fyddaf farw.

Hen Benillion

534 Lle bo gwên a llawenydd
Mwynach cyfeillach a fydd.

David Thomas (Dafydd
Ddu Eryri)

535 Llwynog yw pob llawenydd
Sy'n dod a darfod 'run dydd.

W. Rhys Nicholas

536 'Wyneb llawen llawn ei dŷ,
Wyneb trist drwg a ery'.

Dafydd ap Gwilym

NATUR

(a) Y Tymhorau

(i) Gwanwyn

537 Ag ehofndra ysgafndroed—y Gwanwyn
Esgynnodd i'r dugoed,
A'i fyw eurgainc i farwgoed :
Dilyw cerdd cyn deilio coed.

William Evans
(Wil Ifan)

538 Croeso i'r gwanwyn tawel cynnar,
Croeso i'r gog a'i llawen lafar,
Croeso i'r tes i rodio'r gweunydd,
A gair llon ac awr llawenydd.

Edward Morris

539 Daeth herald haf o grafanc—yr eira,
Arwrol fu'r dianc
Ir a llyfn yw lifrai'r llanc,
Hardd yw ef mewn gwyrdd ifanc.

J. H. Roberts (Monallt)

(ii) Haf

540 Byr ddydd ehedydd yw'r haf,—ei ddiwedd
Diddewis a welaf,
A'i ddelen farwaidd olaf
Yn hyll a gwlyb fel llaw glaf.

John Gwilym Jones

541 Cerddais fin pêr aberoedd—yn nhwrf swil
Nerfus wynt ar ffriddoedd,
A braich wen yr heulwen oedd
Am hen wddw'r mynyddoedd.

Ellis H. Evans (Hedd Wyn)

542 Yr haul ar las orielau—gweunydd
Fel gwenyg o flodau,
A chwa bêr o ryw iach bau
Yn yngan ar las gangau.

Ellis H. Evans (Hedd Wyn)

(iii) Hydref

543 Ba wyrth wir i'r berth eirin
A fu'n rhoi gwawr ddyfna'r gwin,
A rhudd liw gwaed ar ddail a gwŷdd
Gwylltion a drain y gelltydd ?

J. J. Williams

544 Gwaedlif ddifera'r goedlan,—rhed i'r ffrwd
Aur a phres ac arian,
A'r haf dall wrth fynd allan
A ddyry'i hardd dŷ ar dân.

Henry Lloyd (Ap Hefin)

545 Staen atgas ! Troist yn writgoch—lawnt yr [haf,
Y clown trist wynepgoch,
A'th ing dan fasg eiriasgoch,
Galar cudd dan golur coch.

Alan Llwyd

(iv) Gaeaf

546 Gwynt claddu yn chwythu'n chwyrn
Drwy y wisg hyd yr esgyrn,
A phob hyder yn fferru
Yn serio dwys ei rew du.

Dic Jones

547 Helygen dan benglogau—o farrug
Ar fore'r angladdau :
Gwern a brwyn yn esgyrn brau,
A'r bedw'n ysgerbydau.

Geraint Lloyd Owen

548 Pob lle'n oer, pob llwyn yn wyn,
A diffrwd fydd y dyffryn.
Clo ar ddwfr, nid claear ddydd,
A durew hyd deyerydd.

Lewis Morris

(b) EIRA

549 Blawd mân yw'r pân ar bob pill,
Blawd wybr fel blodau Ebrill,
Llen oergan uwch llwyn irgoed,
Llwyth o'r calch yn llethu'r coed.

Anhysbys

550 Duw ledodd dros ford lydan—ei gamrig
Rhoes Gymru'n ei sidan;
Teilwriodd siwt liw arian
Ffit i'r wledd o'r ffatri wlân.

David Jones (Isfoel)

551 Y llan dan amdo llonydd,—a'i degwch
Yn dagwr heolydd:
Ei wen faneg am fynydd,
A'i lendid yn gwrlid gwŷdd.

Rhys Wyn Parry

(c) Y GWYNT

552 Gwae y fedwen pan gyfodo,—gwae y môr,
Mae grym aruthr ynddo;
Y cawr yw, ond mae'n crio
Yn null clown yn nhwll y clo.

Roger Jones

553 Huawdl awdr, hudol ydwyd,
Hëwr, dyludwr dail wyd,
Hyrddiwr, breiniol chwarddwr bryn,
Hwylbrenwyllt heli bronwyn.

Dafydd ap Gwilym

554 Mae egr sŵn ei lym grwsâd,—a'i organ
Ac ergyd ei ruad,
Mae olion ei ymweliad
Yn saga fyw ar glyw gwlad.

R. J. Rowlands

(ch) YR HAUL

555 Y llynnau gwyrddion llonydd—a gysgant
Mewn gwasgod o fynydd,
A thyn heulwen ysblennydd
Ar len y dŵr lun y dydd.

William John Roberts
(Gwilym Cowlyd)

556 Wedi'r nos gethin, ddrycinog,—rhu'r gad
A'r ergydion trystiog,
Wele wawr dros drum y glog
Yn lledu'n hirglwyf llidiog.

William Evans (Wil Ifan)

557 Teyrn y dydd yn torri'n dân,—yn lliwio'r
Gorllewin â thrydan ;
Cwrel ar orwel arian,
Rhaeadr mellt ar wydrau mân.

Llewelyn Boyer

(d) Y Lleuad

558 Cawoda hi genlli gwyn
Hyd y rhaeadr a'i ewyn ;
I ferw y dylif arian
Dyry'i mil pelydrau mân.

J. J. Williams

559 Troell y llanw a'r treiau,
Traean henfaen breuan brau,
Tywyll gwfert twyll gyfoeth,
Tân Mihangel o bêl boeth.

Gruffydd Gryg

560 Y glos loer, fugeiles lân,—O ! mae'n hardd
Ym min nos o'i chorlan
Yn dyfod, â'i myrdd defaid mân
I geisio'i gŵr mewn gwisg arian

Thomas Jones (Taliesin
o Eifion)

(dd) Y Môr

561 Collai hwn yn ei ddicllonedd—ei bwyll
Pan ballo'i amynedd ;
Yna cnoi yn wallgo'i wedd,
Cnoi ei ddur mewn cynddaredd.

Alan Llwyd

562 Dan glo oesol, edn glaswyn—ei gân cog
Yn y caets mawr melyn ;
Anwylid yr hen elyn
Onibai cur ei big gwyn.

Tom Parry Jones

(e) Y Sêr

563 Clyw Asur !—dy sêr clysion—beth ydynt ?
Bathodau angylion :
Neu lewyrch oddi ar loywon
Lestri aur ym mhlasty'r Iôn.

Owen Griffith Owen
(Alafon)

564 Drych cyllestr haul goleulawr,
Drychau dimeiau Duw mawr.
. . . .
Da'u gwedd baderau Duw gwyn
Yn ei lanastr heb linyn.

Anhysbys.

565 Ac ni fai nef yn nef yn wir,
Pe nef ond dydd o olau hir.

J. Dyfnallt Owen
(Dyfnallt)

566 Awn i'r nef i hendrefa,
Dan law Duw-dyna le da.

Anhysbys

567 Byw yn nef, bawb yn ifanc,
Heb dreio oes a heb dranc.

Siôn Tudur

568 Dinas nad oes hihoeni,
Na hiraeth yn ei phyrth hi.

Eliseus Williams
(Eifion Wyn)

569 Gwiw gannaid dŷ gogoniant
Yng nghaer y sêr, yng nghôr sant.

Goronwy Owen

570 Gwlad rydd a golud o ras,
Gwlad gyflawn o diriawn des,
Gwlad ddiangen lawen lys,
Gwlad y gwir a hir ei hoes.

Robert Williams (Robert
ap Gwilym Ddu)

571 Henffych wlad i rad rodio,—a mwynaf
Man i gael gorffwyso ;
Blinder, gorthrymder na thro
Ni bydd un, na bedd yno.

Robert Williams (Robert
ap Gwilym Ddu)

572 Man hyfryd yw mewn hoywfraint,
Ac amlder y sêr o saint,
Lle dien yn llawenu,
Hefelydd ni fydd, ni fu.

Goronwy Owen

573 Ni ddaw i'r nefol, freiniol fro
Un ochenaid na chwyno.

Ioan Glan Menai

574 Berwedig mewn braw ydwyf,
Ofni pangau'r angau'r wyf.

R. Williams Parry

575 O fewn dydd, nid ofn diddim
Ofni Duw yn fwy na dim.

Wiliam Cynwal

576 Ofni anghlod dinodedd,—yna poen
Ofn pinacl anrhydedd ;
Ofni anaf anhunedd,
Ofni byw, ac ofn y bedd.

Dewi Mawrth

577 Ofni gwrthuni gwrthwyneb—yr wyf,
Ofni'r awr i ateb ;
Ofni hir drin ffolineb,
Ofni 'Nuw yn fwy na neb.

Siôn Tudur

578 Ofni pawb, anhap yw hyn,
A gwylltio rhag ofn gwelltyn.

Bedo Brwynllys

579 Wrth ddau beth yr aeth y byd,
Wrth ofn ac wrth werth hefyd.

Iorwerth Fynglwyd

PWYLL AC AMYNEDD

580 Ar bwyll yr eir â'r bellen

Gruffudd Gryg

581 Bu yn agos imi ddwedyd
Chwedl mawr, pe cawswn ennyd ;
Ond yn awr yr wyf yn gwybod
Mai da dant i atal tafod.

Hen Benillion

582 Dir yw in dario ennyd
Ac aros beth gwrs y byd.

Dafydd Llwyd o Fathafarn

583 E red rhai dan garraid trwm
Yn rhy brysur heb reswm.
Ba raid brys ? Hir yw bys byd—
Bo well in bwyllo ennyd.

Owain Gwynedd

584 Gair cynnes, gorau cannwyll,
I gadw pawb i gyd yw pwyll.

Owain Gwynedd

585 Gorau nerth ar a ŵyr neb,
Iawnbwyll dawn heb wylltineb.

Huw Arwystl

586 Na ddod eiriau'n ddidoreth,
Nydda'r pwyll cyn addo'r peth.

Owain Gwynedd

587 Na thrown â'r aradr adref,
A dro'n ôl nid â i'r nef.

Siôn Tudur

588 Nid oes gynt nodynt ar neb
A gyll tân na gwylltineb

Thomas Llywelyn, Rhigos

589 Oedi barn a difrod bedd
Yw dymuniad amynedd.

Evan Rees (Dyfed)

590 Ôl brys, fe'i dengys dy waith,—nid ar ras
Y cei drwsiad perffaith ;
Fe haedda pob celfyddwaith
Drylwyredd amynedd maith.

T. Llew Jones

591 Os pwyll cannwyll rhag cynnen,
Gorau cannwyll yw pwyll pen.

Huw Cae Llwyd

592 Pa well dysg heb y pwyll da ?

Tudur Aled

593 Pan ddêl dicllon wreichionen,
A feddo bwyll a fydd ben.

J. H. Roberts (Monallt)

594 Un a gynnig ugeinwaith
Sy'n dod i wybod ei waith.

Tommy Evans, Llanfyrnach

595 Ymaros di ym mrest hedd
O ymaros daw mawredd.

Wiliam Llŷn

596 A fynno twyll o fewn tŷ,
Iddo'i hun ydd â hynny.

Lewys Môn

597 A glywo dwyll gwylied o,
Drwg celwydd ydyw'r coelio.

Dic Jones

598 Dau dafod a'm hathrodant,
Ac yn yr un genau'r ânt ;
Mwyn o beth i'm hwyneb oedd,
Ymlidiwr i'm hôl ydoedd.

Ieuan Deulwyn

599 Dealled ef a dwyllo
Na wrandewir ei wir o.

Dic Jones

600 Didwyll ar dafod ydyw,
Uthr o dwyll ar weithred yw.

Goronwy Owen

601 Drwg iawn yw deuair gan neb,
Nid yw'n iawn ond un wyneb.

Huw Arwystl

602 Duw a wrendy wiriondeb,—ond ni ŵyr
Undyn werth cywirdeb :
Dynion a wnaeth dau wyneb,
Duw ni wnaeth ond un i neb.

Anhysbys

603 Dyn ni wna daioni i neb
Ydyw un â dau wyneb.

Owain Gwynedd

604 Dyn o daw a dwyn deuair
Yn dy glust, nad goelio'i air.

Lewys Môn

605 Er gafael gref ar gyfoeth,
Rhaid lliw dysg er twyllo doeth.

T. Gwynn Jones

606 Gwenwyn ni wn, gan un iaith,
Mwy no gwenwyn mewn gweniaith.

Tudur Aled

607 Gwylia wên ffals a gwenwyn,
A gwylia'r rhai fyddai fwyn.

Tomas Prys

608 Haws troi'r frân 'run gân a'r gog
Na 'nabod dau wynebog !

Siôn Tudur

609 Fel y mag tân ar gannwyll
Mae gair teg yn magu'r twyll.

Huw Arwystl

610 Nid teg ac nid diogan
Iawn glod ond o enau glân.

Edmwnd Prys

611 Nid yw anair ond ennyd ;
Ni sym twyll mo bwyll y byd.

Edmwnd Prys

612 Oerder gwiber yw geubwyll,
Ac ail tân yw cola twyll.

Robert Parry
(Robin Ddu Eryri)

613 Onid gwin ydyw gweniaith
A yrr dyn ar ledwyr daith ?

Idwal Lloyd

614 Onid ydyw swyn didwyll
Natur lân yn dân i dwyll ?

John Owen Williams
(Pedrog)

Y Rhagrithiwr

615 Rhagrithiwr yw'r gŵr heb air garw—ei
Dan rith grefydd geidw ; [grafanc
E dwylla wlad oll â'i lw,
Duw'n unig edwyn hwnnw.

Thomas Jones (Taliesin o
Eifion)

616 Rhaid i'r gwan ddal y gannwyll
I'r dewr i wneuthur ei dwyll.

Edmwnd Prys

617 Tri pheth sy'n anodd 'nabod,—
Dyn, derwen, a diwrnod ;
Y dydd yn hir, y pren yn gau,
A'r dyn yn ddau wynebog.

Hen Benillion

618 Un gair a gair gan y gog,
Yntau ŵr nid daueiriog.

Dafydd Llwyd o Fathafarn

RHYDDID

619 Er hardded, glaned mewn glyn,—yw rhyddid
A'r heddwch i'w ddilyn,
Nid teg yw rhedeg ar hyn,
Trwst hirfaith, tros y terfyn.

David Thomas (Dafydd
Ddu Eryri)

620 Gwyn eu byd yr adar gwylltion,
Hwy gânt fynd i'r fan a fynnon',
Weithiau i'r môr ac weithiau i'r mynydd,
A dod adre yn ddigerydd.

Hen Benillion

621 Rhodd Duw i ddyn, rhyddid ddaeth,
Glewa' darian gwladwriaeth.

Walter Davies (Gwallter
Mechain)

622 Rhyddid dyn, heb rodiad deddf,
A ddiwedda yn ddiddeddf.

Thomas Tudno Jones
(Tudno)

623 Rhyddid sydd well na rhuddaur,
Ie, gwell na chraig o aur.

William Edwards (Eos
Padarn)

RHYFEL

624 Camp difoes henoes anwar—ffwrn Uffern
A hoffwaith hil Cesar ;
Wedyn gwneud gelyn o gâr
Gan ryw folgwn rhyfelgar.

Morgan Price

625 I'r ifanc a gâr ryfel,
Poen a ddwg ei awch pan ddêl.

David Phillips

626 Mae'r hen delynau genid gynt
Yng nghrog ar gangau'r helyg draw,
A gwaedd y bechgyn lond y gwynt,
A'u gwaed yn gymysg efo'r glaw.

Ellis H. Evans (Hedd Wyn)

627 Mewn angof ni chânt fod,
Wŷr y cledd, hir eu clod.

J. Ceiriog Hughes
(Ceiriog)

628 Prifion rhyfel a helynt
Ewynnog, ysgythrog hynt,
Heddiw bedd di-gledd y glyn
Yn ddi-drwst gaeodd drostyn'.

Ellis H. Evans (Hedd Wyn)

629 Rhyfel a fag ryw afar,
Tlodi byth, at lid a bâr :
Tlodi at drueni trwch,
A fo cawdd a fag heddwch.

Tudur Aled

630 Uwch yw rhyfelgan y byd na'i emyn,
Gwell gan ei law gael cledd na thelyn.

Ben Bowen

631 Y rhai hen sonien' am sêl,
Y rhai ifainc â i'r rhyfel.

Siôn Brwynog

632 Anodd plethu dŵr yr afon
Mewn llwyn teg o fedw gleision ;
Ond dau anos peth na hynny
Yw rhwystro dau rhag ffyddlon garu.

Hen Benillion

633 Blodau'r flwyddyn yw f'anwylyd,
Ebrill, Mai, Mehefin hefyd,
Llewyrch haul yn t'wynnu ar gysgod,
A gwenithen y genethod.

Hen Benillion

634 Bûm yn caru yma ac acw,
Blin bod heb y blinder hwnnw,
Ond o'r blinderau, blinaf blinder
Cur annifyr caru'n ofer.

Hen Benillion

635 Bwrw halen lle bu'r heli
Yw bwrw serch lle bwriais i.

Dafydd Nanmor

636 Clywais lawer sôn a siarad
Fod rhyw boen yn dilyn cariad,
Ar y sôn gwnawn innau chwerthin
Nes y gwelais wyneb rhywun.

John Blackwell (Alun)

637 Dacw 'nghariad ar y bryn,
Rhosyn coch a rhosyn gwyn,
Rhosyn coch sy'n bwrw ei flodau,
Rhosyn gwyn yw 'nghariad innau.

Hen Benillion

638 Dwyn lladrad, gariad gwirion,—y byddaf
Heb addo i gyfeillion ;
Dirwy galed i'r galon
Dwyn dy serch dan dewi â sôn.

Anhysbys

639 Eiliw haul ar loywa' heli,
Eilun nwyd fy nghalon i,
O, f'anwylyd, tynn fy nwylo
I'th eiddilwyn ddwylo di.

T. Gwynn Jones

640 Er athrodion dynion nid af—i'th oedi,
A'th adael nis gallaf;
Os dig a'i gynnig a gaf,
Wyth gywirach y'th garaf.

Anhysbys

641 F'enaid, tro d'wyneb yn fynych—ataf,
Tro eto, ddyn feinwych;
Tro, y fwyn, yma tra fych,
Tro, f'enaid, im tra fynnych.

Anhysbys

642 Llawn yw'r môr o swnd a chregyn,
Llawn yw'r wy o wyn a melyn,
Llawn yw'r coed o ddail a blodau,
Llawn o gariad merch wyf innau.

Hen Benillion

643 Lle bo cariad, brad mewn bron,—yn llechu
Mewn lloches dirgelion,
Fe dry llusgiad llygad llon,
Llwybr y goel, lle bo'r galon.

Anhysbys

644 Mawr serch a hir sai'
Da drysor di-drai,
Yn hwy o flynyddoedd na thiroedd na thai.

Huw Morus

645 Ni chaf eithr sias o draserch,
Ni chred neb brysurdeb serch.

Dafydd ap Gwilym

646 O ! wynfyd serch. O ! ddolur serch,
Penyd nefolaidd mab a merch.

H. Elvet Lewis (Elfed)

647 Tri pheth sydd yn anodd imi,
Cyfri'r sêr pan fo hi'n rhewi,
Rhoi fy llaw ar gwr y lleuad,
A gwybod meddwl f'annwyl gariad.

Hen Benillion

648 Trwm yw plwm a thrwm yw cerrig,
Trwm yw calon pob dyn unig,
Trymaf peth dan haul a lleuad,
Canu'n iach lle byddo cariad.

Hen Benillion

649 Y mae gwin im o'i genau,
Y mae gwên hon i'm gwanhau.

Dafydd ap Edmwnd

SIOM A DADRITHIAD

650 Angerdd pob fflam a thân pob nwyd
A dry'n ei dro yn lludw llwyd.

I. D. Hooson

651 Breuddwyd fu'r wawr bereiddiaf,
A gwenau boreau braf.

J. Lloyd-Jones

652 Byd na bo ydyw'n bywyd,
Bywyd na bo ydyw'n byd.

T. Gwynn Jones

653 Gwae fi fy myw mewn oes mor ddreng,
A Duw ar drai ar orwel pell.

Ellis H. Evans (Hedd Wyn)

654 Gwae ni ein dodi ar dipyn byd,
Ynghrog mewn ehangder sy'n gam i gyd.

T. H. Parry-Williams

655 Marw yw byw. Na siomer byd.
Pand gaeaf yw haf hefyd ?
Nid â'r un gaeaf i dranc
Na fu yn haf yn ifanc.

R. Williams Parry

656 Mwyn ni bydd man y byddom,
Mwyna' byth y man ni bôm.

T. Gwynn Jones

657 Mynd i'r ardd i dorri pwysi,
Pasio'r lafant, pasio'r lili,
Pasio'r pincs a'r rhosys cochion,
Torri pwysi o ddanadl poethion.

Hen Benillion

658 Nid oes gennym hawl ar ddim byd
Ond ar yr hen ddaear wyw ;
A honno sy'n anhrefn i gyd
Yng nghanol gogoniant Duw.

Ellis H. Evans (Hedd Wyn)

659 Nid oes yma ond siomiant,
Mal ewyn oer ymlaen nant.

Wiliam Llŷn

660 O gusanu gau swynion
Daw y brath sy'n gwaedu bron.

T. E. Roberts

661 Pond tlawd y ddihirffawd hon,
Chwilio gem a chael gwymon?

Goronwy Owen

662 Trwm ar iâ yw tramwy'r ôd,
Trymach yw torri amod.

Wiliam Llŷn

663 Wedi'r chwarae daw'r gaeaf,
Gwynfyd yr ynfyd yw'r haf.

R. Williams Parry

664 Derfydd rhew a derfydd gaeaf,
Fe ddaw'r haul â'i wên dirionaf,
Ond ni ddaw un pêr ddiddanwch
Byth i mi sy'n llawn o dristwch.

Hen Benillion

665 Gwynt ar fôr a haul ar fynydd,
Cerrig llwydion yn lle coedydd,
A gwylanod yn lle dynion.
Och, O Dduw, na thorrai 'nghalon.

Hen Benillion

666 Ni chêl y grudd cystudd caeth
Y galon a ddwg alaeth.

Anhysbys

667 Ni wneir o fron anaraul
Ond cysgod, er rhod yr haul.

Goronwy Owen

668 O f'anwylyd, cyfod frwynen,
Ac ymafael yn ei deupen,
Yn ei hanner tor hi'n union
Fel y torraist ti fy nghalon.

Hen Benillion

669 Tristach na holl ddinodedd dyn
Yw chwerthin y cnawd am ei ben ei hun.

T. H. Parry-Williams

670 Trwst'neiddiwch trist newyddion
Ni oludd tir, ni ladd ton.

Goronwy Owen

TRUGAREDD

671 Hir ofal ni warafun,
Ymprydia, newyna'i hun.

H. Elvet Lewis (Elfed)

672 Ni bu dra gwrol na bai drugarog.

Tudur Aled

673 O gwŷl gŵr gael y gorau,
Oed i'r gŵr hwn drugarhau.

Tudur Aled

Drws Trugaredd

674 Rhedwn at ddrws anrhydedd,—a rasio
At ddrysau disylwedd,
Ond, i'r byw, cyn mynd i'r bedd,
Y gorau-Drws Trugaredd.

John Williams

675 Trugarhewch trwy garu hedd,
Tro gwrol yw trugaredd.

Wiliam Llŷn

UFFERN

676 Anwir yn hwtio'i hunan,
A Duw'n rhoi'i enaid ar dân.

Ioan Lleyn

677 Lle ddiawl, a llu o'i ddeiliaid,
Lle dihoen, a phoen na phaid.

Goronwy Owen

678 Lle'r dial, lle'r llwyr dalu,
Lle'r prudd dâl a lle'r praidd du.

Rhys Morgan

679 Llyn diwaelod llawn diluw,—
Dyna le tost-dan lid Duw.

Robert Williams (Robert
ap Gwilym Ddu

YCHWANEGIADAU AMRYWIOL

680 A gwedi elwch tawelwch fu.

Aneirin

681 A heuo dyn hyd einioes
A feda ef wedi oes.

Thomas Llwyd

682 A ddarlleno, ystyried,
A ystyrio, cofied,
A gofio, gwnaed,
A wnêl, parhaed.

Ellis Wynne

683 Annoeth cicio nyth cacwn

R. D. Rowland
(Anthropos)

684 Byd gwyn fydd byd a gano,
Gwaraidd fydd ei gerddi fo.

T. Gwynn Jones

685 Cymru deg, cymer y dydd,
Gwlad y gân, gwêl dy gynnydd.

Thomas Jones
(Taliesin o Eifion)

686 Dwyn ei geiniawg dan gwynaw,
Rhoi angen un rhwng y naw.

David Owen
(Dewi Wyn o Eifion)

687 Enaid y gŵr nid yw gall
Na ddyry nawdd i arall.

J. T. Job

688 Er rhoi niwl ar yr hen iaith,
O'r un niwl yr awn eilwaith.

Iorwerth Fynglwyd

689 Gorau gras, gair o groeso.

Eliseus Williams
(Eifion Wyn)

690 Ifanc, ifanc a ofyn,
Henaint at henaint y tyn.

Siôn Phylyp

691 Môr o gân yw Cymru i gyd.

J. Ceiriog Hughes
(Ceiriog)

692 I Fwyneidd-dra

Na fydd anfwyn wrth fwyn o'th fodd—na
Wrth anfwyn o'th anfodd ; [mwyn
Nid da anfwyn mewn unfodd,
Na rhy fwyn mewn unrhyw fodd.

Thomas Edwards (Twm
o'r Nant)

693 Ni cha'r nefoedd un Elias
Heb i'r byd gael Eliseus.

William Ambrose
(Emrys)

694 Nid yw pob peth a blethir
O'r un waed â'r awen wir.

William Williams
(Caledfryn)

695 Os cregyn gwag fydd yn y sach
Cregyn ddaw allan, bobol bach.

Richard Davies
(Mynyddog)

696 Pa wlad wedi'r siarad sydd
Mor lân â Cymru lonydd ?

William Williams
(Caledfryn)

697 Pob modd a luniodd Duw lwyd
Pob glân i lân a luniwyd.

Gruffudd ap Ieuan ap
Llywelyn Fychan

698 Y cyfaill gorau, cofia,
A lleufer Duw yw llyfr da.

Evan Evans (Ieuan Fardd)

699 Y ddraig goch ddyry cychwyn.

Deio ap Ieuan Du

700 Y môr yw'r cyffredin mud.

Edmwnd Prys

701 Ym mhob pen y mae piniwn.

Siôn Brwynog

702 Yn iach weithian dan y dydd
Y gwelom bawb ei gilydd.

Siôn Tudur

NODIADAU

Cyfeirir ar rifau'r dyfyniadau

5. Un o'r gyfres o benillion a geir ar ddiwedd *Gweledigaeth Angau*. *Yn rhodd :* atolwg (prithee, pray).
6. *Mau :* hen ansoddair meddiannol yn golygu 'fy', 'eiddof'.
7. *Ni edwyn :* goddefir *ni* yn lle *nid* er mwyn y gynghanedd.
14. Mae'r geiriau llanw *rhaid ydyw gwarhau* ac *oer ing* yn nodweddiadol o arddull beirdd y cywydd. Fel arfer fe'u cynhwyswyd er mwyn cyflawni gofynion y mesur neu'r odl.
24. Enghraifft o'r Mesur Tri Thrawiad.
27. Caiff y bardd hwyl yma ar chwarae ar y ddeuair *pridd* a *prudd*. Priodolir yr englyn hwn hefyd i Thomas Llywelyn, Rhigos.
28. Bu peth ansicrwydd ynglŷn ag awduraeth yr englyn hwn, ond nid oes amheuaeth bellach nad Edward Richard yw'r awdur.
31. *ocha :* 3ydd pers. unig. pres. *ochain*.
35. Enghraifft o'r mesur Traethodl, sef cwpled digynghanedd saith sillaf yn odli. Fe'i defnyddid gan feirdd gwerinaidd yng nghyfnod y Gogynfeirdd ac wedi hynny. Datblygiad arno yw'r cywydd.
40. Ceir ' er gweiddi ' hefyd yn y 3edd linell mewn mannau eraill.
43. Sylwer ar y gyffelybiaeth odidog yn esgyll yr englyn hwn.
44. Daw'r llinellau hyn o ' Theomemphus '.
45. Diddorol cymharu'r delweddau a geir yma â'r rhai a welir yn rhif 48.
47. *O bai fawr :* ' o byddai fawr '.
53. *gair :* amrywiad ar ' geir ' (ceir), ffurf amhersonol pres. ' cael ' i odli ag ' anair '.
60. *gair du :* sef defnyddio geiriau'n frathog er mwyn peri poen (sarcasm).
62. *ydd :* yr
68. *rydeg :* rhy deg ; *dilid* : dilyn.
79. *o choelir :* os coelir. Dilynir *o* gan y treiglad llaes.
93. Priodolir y llinellau hyn i Dudur Aled hefyd.
99. *gled :* benywaidd ' clyd '.

102. Mae'r llinell olaf yn rhy hir o sillaf.

108. *ar ffael :* o'r Saesneg 'fail'. Golyga 'ar gam,' 'ar gyfeiliorn'.

114. *eden :* edn (aderyn).

119. *na oeda :* goddefir ' na ' yn lle ' nac ' er mwyn y gynghanedd.

122. *no :* na.

126. *doethom :* daethom ; *doethom* er mwyn y Gynghanedd Lusg. *ponid :* onid.

130. Englyn penfyr o'r nawfed ganrif.

140. *bid :* boed, bydded.

145. Arfer cyffredin gan feirdd y cywydd oedd peidio â threiglo'r gwrthrych pan ddeuai'n union ar ôl y ferf. Gwelir nad yw *tyfiad* yn treiglo yn y llinell gyntaf. Ond ceir y treiglad rheolaidd yn yr ail linell : *wyrda.* Amrywiai'r arfer yn ôl gofynion y gynghanedd.

167. Bu mwy nag un fersiwn o'r paladr y mae'r cwpled hwn yn esgyll iddo. Dyma'r fersiwn fwyaf adnabyddus :

Y gleisiad, difrad yw ef, o'i ddichwain
A ddychwel i'w addef.

dichwain : damwain, digwyddiad ; *addef :* trigfan, annedd.

186. *ar fêr : bêr* (picell, gwaywffon).

217. *hena :* 3ydd pers. unig. pres. *henu* (heneiddio).

230. *gywoeth :* gyfoeth ; *nog :* nag.

232. *lludd :* lluddias (rhwystro).

246. Priodolir yr englyn hwn i Owain Gwynedd mewn rhai llawysgrifau.

255. *doeth :* daeth.

270. *berion :* perion, lluos. pêr (melys).

275. Mae'r llinell olaf yn rhy hir o sillaf, ond mae'r cywasgiad yn un priodol.

277. *diodde' :* heb ei dreiglo er mwyn y gynghanedd.

307. *dau :* tau, 3ydd. pers. unig, pres. *tewi.*

311. Enghraifft o Englyn Cyrch.

342. *rhôm :* rhyngom.

349. Englyn penfyr eto o'r nawfed ganrif. *wers :* tro, gwaith.

388. Geiriau llanw yw *rhoch i'r rhod, bwynt ofer* ; gw. rhif 14.

392. *fych, cyrhaeddych :* ail bers. unig. pres. dibynnol 'bod', ' cyrraedd '.

402. Mae'r llinell gyntaf yn rhy hir o sillaf. Nam arall ar yr englyn hwn yw defnyddio'r un gair (*cyfoeth*) ddwywaith yn y brifodl.

412. Enghraifft o'r hen ganu gwirebol lle ceir cyfuniad o ganu natur a gwireb.
420. *gware :* chwarae.
430. *addwyna' :* addfwyna'.
434. Mae'r llinell gyntaf yn rhy hir o sillaf, ond gellir cyfreithloni'r cywasgiad.
456. Mae'r llinell olaf yn rhy hir o sillaf.
460. *ennyd anun.* Ai'r ystyr yw na chaiff y sawl sy'n hael ond ennyd o *anun* (anhunedd), sef diffyg cwsg ?
478. Fe'n hatgoffir o gwpled enwocach Emrys, rhif 481.
484. Priodolir amrywiadau ar yr englyn hwn i Siôn Tudur a Dafydd Nanmor.
490. *am ffo : am ffoi*
491. Ceir y bardd yn siarad o brofiad yma gan iddo fynd yn ddall ac yn fyddar erbyn diwedd ei oes.
493. Sylwer ar y modd effeithiol y mae'r bardd yn bwriadol ailadrodd yr ansoddair *maith.*
501. Enghraifft arall o englyn penfyr o'r nawfed ganrif.
515. *gware :* chwarae ; *hadwaenynt :* hadwaenent.
543. Mae sillaf yn ormod yn y 3edd linell.
560. *glos :* tlos. Y llinell olaf yn rhy hir o sillaf.
563. *clysion :* tlysion.
566. Ceir y syniad am *hafota* ym mhaladr yr englyn hwn :

Daethom, nod amod, yma—i'n magu,
Megis i *hafota.*

588. *nodynt :* nodent (?).
601. *deuair :* ymadrodd amwys neu dwyllodrus.
609. *tân-gannwyll :* enghraifft o'r bai Trwm ac Ysgafn.
611. *sym :* 3ydd. pers. unig. pres. *siomi*
618. *a gair :* a geir ; gw. rhif 53.
640. Mae'r llinell gyntaf yn rhy hir o sillaf.
641. Sylwer ar y chwarae ar y geiriau *fynych, fynnych.*
655. *pand :* onid.
670. *oludd :* o *goludd* (rhwystro).
673. *gwŷl :* 3ydd pers. unig. pres. *gwylio.*
682. Gwelir y llinellau hyn yn y cyflwyniad i'r *Gweledigaethau.*
684. Arwyddair Eisteddfod Gydwladol Llangollen.
699. Sylwer mai'r gytsain galed *c* sy'n gywir yma; gw. nodyn ar rif 145.

adwyth	drwg, anffawd
aelaw	cyfoethog
afar	tristwch, gofid
alaeth	tristwch, galar
amorth	anffawd, melltith
anaraul	di-haul, anhyfryd
annel	bwriad, amcan
anoff	atgas
arwych	gwych, godidog
bawddyn	adyn budr
breuan	melin law
breuo	mynd yn frau
bun	geneth, morwyn
cadfarch	march rhyfel
cail	corlan, praidd
carraid	baich, cyfrifoldeb
cawdd	dicter, tramgwydd
ceinmyg	urddasol, ysblennydd
celgar	yn tueddu i guddio
cerlyn	taeog, gŵr sarrug
ciwaid	torf afreolus
claim	o'r Saesneg ' claim '.
cofus	cofiadwy
cola	colyn (' sting ')
cryfdwr	cryfder
cwfert	lloches, gorchudd
cyfanheddu	diddanu
cyngyd	terfyn, amcan
cyllestr	callestr
cynired	cyniwair, mynd yma ac acw
chwil	yn siglo, gwegian
dianelu	llacio neu ryddhau bwa
didol	wedi'i ddidoli neu ei wahanu
dien	hyfryd, gwych
digyngor	heb gynghori, yn ddirybudd
dihir	drwg, blin
dilid	dilyn, canlyn

dilin	euraid, gloyw, coeth
diodid	diau, sicr
dir	sicr, gwir
diyngan	distaw, di-sŵn
Dofydd	Arglwydd
drygwriaeth	drygioni
dyddio	heddychu, cymodi
dyludwr	canlynwr, erlidiwr
echelydd	lluosog *echel* 'axle'
eirian	disglair, hardd
eiry	eira
elwch	llawenydd, miri
ffri	rhydd ('free')
ffrom	dig, dicllon
ffrost	ymffrost
gadu	gadael
geubwyll	gau synnwyr, twyll resymeg
glesin	tywarchen
gnawd	arferol, cyffredin
gochwiban	chwibaniad
gogan	dychan, gwawd
golochwyd	gweddi
gwarhau	talu gwrogaeth
gwenyg	lluosog *gwaneg* (ton)
gweryd	pridd, daear
gwryd	'fathom'
gwyar	gwaed
gwyrennig	ir, ffrwythlon
hefelydd	tebyg
hinon	tywydd braf
hwsmonaeth	triniaeth tir
imp	blaguryn, eginyn
iôn	arglwydd
lledwyr	cam, cyfeiliornus
moddus	moesgar, gweddus
myngus	yn myngial, bloesg
Naf	Arglwydd
neus	geiryn cadarnhaol
pill	boncyff, cangen
prifion	prif rai
pwyntel	pensil

rhoch	sŵn mawr, gwaedd
sias	helfa, brwydr
trafael	llafur, trafferth
tridyblyg	wedi'i blygu'n dri
trinio	trafod, meithrin, trin.
trwstan	trwsgl, lletchwith
tud	gwlad
uthr	dychrynllyd, ofnadwy
yrhawg	am amser maith eto

LLYFRYDDIAETH

Casgliadau o Farddoniaeth

Barddoniaeth yr Uchelwyr	D. J. Bowen (1957)
Blodau'r Gynghanedd	Richard Griffith (Carneddog), 1920
Blodeugerdd o'r Ddeunawfed Ganrif	D. Gwenallt Jones (1947)
Blodeugerdd o'r Bedwaredd Ganrif ar Bymtheg	Bedwyr L. Jones (1965)
Blodeuglwm o Englynion	W. J. Gruffydd (1920)
Caniadau Cymru	W. Lewis Jones (1897)
Cywyddau Cymru	Arthur Hughes (1908)
Cywyddau Dafydd ap Gwilym a'i Gyfoeswyr	Ifor Williams a Thomas Roberts (1935)
Cywyddau Iolo Goch ac Eraill	H. Lewis, T. Roberts, I. Williams (1937)
Englynion a Chywyddau	Aneirin Talfan Davies (1958)
Flores Poetarum Britannicorum	Dr. John Davies, Mallwyd (1710)
Gorchestion Beirdd Cymru	Rhys Jones (1773)
Hen Benillion	T. H. Parry-Williams (1965)
Mil o Ddyfyniadau Cymraeg	G. Lloyd Edwards (1968)
Newydd a Hen	Urdd Gobaith Cymru (1954)
Oxford Book of Welsh Verse	Thomas Parry (1962)
Pigion Englynion fy Ngwlad I, II	J. Thomas (Eifionydd), 1881-2
Y Flodeugerdd Englynion	Alan Llwyd (1978)
Y Flodeugerdd Gymraeg	W. J. Gruffydd (1959)
Y Flodeugerdd Newydd	W. J. Gruffydd (1909)
Y Flodeugerdd o Gywyddau	Donald Evans (1981)

Ffynonellau Eraill

Barddas (Cylchgrawn y Gymdeithas Gerdd Dafod)

Cyfansoddiadau'r Eisteddfod Genedlaethol

Llawysgrifau yn y Llyfrgell Genedlaethol

Y Geninen (hen gyfres) a'r *Genhinen* (y gyfres newydd)

MYNEGAI I'R AWDURON

Cyfeirir at rifau'r dyfyniadau.